21 personnalités inspirantes

La vie de personnages historiques du XXe siècle : Martin Luther King Jr., Malcom X, Bob Marley et autres (livre de biographies pour les jeunes, les adolescents et les adultes)

Par Student Press Books

Table des matières

Table des matières 2

Introduction 4

Votre cadeau 6

Benjamin O. Davis Jr. (1912-2002) 7

Thurgood Marshall (1908-1993) 10

Malcolm X (1925-1965) 13

Jackie Robinson (1919-1972) 17

Jesse Owens (1913-1980) 20

Bobby Seale (né en 1936) 23

Patrice Lumumba (1925-1961) 26

James Meredith (né en 1933) 29

Ralph Abernathy (1926-1990) 33

Jesse Jackson (né en 1941) 36

James Lawson (né en 1928) 40

Kwame Nkrumah (1909-1972) 44

Bayard Rustin (1912-1987) 47

Steve Biko (1946-1977) 50

Nelson Mandela (1918-2013) 54

Ahmed Sekou Touré (1922-1984) 58

Kofi Annan (1938-2018) 61

Albert John Luthuli (1898-1967) 66

Martin Luther King Jr. (1929-1968) 69

James Farmer (1920-1999) 76

Bob Marley (1945-1981) 79

Votre cadeau 83

Livres 84

Conclusion 84

Introduction

Rencontrez les extraordinaires personnalités noires du XXe siècle — biographies pour les 12 ans et plus.

Bienvenue dans la série Histoire des Noirs. Ce livre vous présente de grands personnages Noirs du XXe siècle. Avec **21 Personnalités Noires Inspirantes, ce livre** réunit des biographies passionnantes des pionniers d'Amérique, d'Afrique et d'Europe.

Nous avons tous entendu parler de Nelson Mandela et du Dr King, mais combien de personnes connaissent l'histoire de Steve Biko ? Découvrez ces héros Noirs méconnus du XXe siècle, et bien d'autres encore dans ce livre captivant...

Vous apprécierez cette collection de 21 histoires fascinantes sur la vie de quelques-unes des personnalités Noires les plus inspirantes du XXe siècle. Que vous cherchiez à être motivé ou que vous soyez simplement curieux, ce livre a quelque chose à offrir à tous.

Les plus jeunes profiteront d'une lecture passionnante et découvriront comment ces hommes ont traversé tant d'épreuves pour changer de vie et de carrière, et s'instruire tout en surmontant l'adversité sur leur chemin. Les adultes et les plus grands pourront mieux réfléchir sur leurs luttes en lisant les épreuves auxquelles ces hommes ont été confrontés !

<u>Ce livre de la série Histoire des Noirs recouvre :</u>

- Des biographies fascinantes — Découvrez des célébrités iconiques, influentes et inspirantes comme Jesse Owens, Patrice Lumumba et Jackie Robinson, ainsi que des pionniers plus discrets comme Kofi Annan et James Farmer.
- Des portraits vivants — Redonnez vie à ces personnalités Noires grâce à des photos ou des illustrations attrayantes.

À propos de la série : La série Histoire des Noirs de **Student Press Books** ouvre des perspectives nouvelles sur les personnalités Noires qui inciteront les jeunes lecteurs à réfléchir à leur place dans une société de plus en plus diversifiée. **Qui sera votre prochaine source d'inspiration ?**

21 Personnalités Noires Inspirantes va au-delà des autres livres de biographies sur l'émancipation des Noirs en mettant la lumière sur des thématiques et des personnages du monde entier.

Votre cadeau

Vous avez un livre dans les mains.

Ce n'est pas n'importe quel livre, c'est un livre de Student Press Books ! Nous écrivons sur les héros noirs, les femmes qui prennent le pouvoir, la mythologie, la philosophie, l'histoire et d'autres sujets intéressants !

Puisque vous avez acheté un livre, nous voulons que vous en ayez un autre gratuitement.

Tout ce dont vous avez besoin, c'est d'une adresse électronique et de la possibilité de vous abonner à notre newsletter (ce qui signifie que vous pouvez vous désabonner à tout moment).

Alors, qu'attendez-vous ? Inscrivez-vous dès aujourd'hui et recevez votre livre gratuit instantanément ! Tout ce que vous avez à faire est de visiter le lien ci-dessous et d'entrer votre adresse e-mail. Vous recevrez immédiatement le lien pour télécharger la version PDF du livre afin de pouvoir le lire hors ligne à tout moment.

Et ne vous inquiétez pas, il n'y a pas d'attrape ou de frais cachés, juste un bon vieux cadeau de notre part ici à Student Press Books.

Visitez ce lien dès maintenant et inscrivez-vous pour recevoir votre exemplaire gratuit de l'un de nos livres !

Lien : https://campsite.bio/studentpressbooks

Benjamin O. Davis Jr. (1912-2002)

Général et commandant de l'armée de l'air américaine

"Les privilèges d'être Américain appartiennent à ceux qui sont assez courageux pour se battre pour eux."

À une époque, Benjamin Oliver Davis Jr. était l'officier afro-américain le plus haut gradé de l'armée américaine. Il a été le premier Afro-Américain à être diplômé de West Point au XXe siècle, et il l'a fait avec les honneurs, terminant 35e sur 276 de sa classe.

Benjamin Oliver Davis, Jr. est né à Washington, D.C., le 18 décembre 1912. Fils de Benjamin Oliver Davis, père, premier général afro-américain de l'armée américaine, Benjamin Junior a grandi en Alabama et à Cleveland, dans l'Ohio.

Davis était président de sa classe de lycée. Le jeune Davis a étudié à la Western Reserve University (aujourd'hui Case Western Reserve University) dans l'Ohio et à l'Université de Chicago dans l'Illinois avant d'entrer à l'Académie militaire des États-Unis à West Point, dans l'État de New York, en 1932.

Benjamin Oliver Davis, Jr. a été refusé par le club des officiers lors de sa première affectation à Fort Benning, en Géorgie, mais il a ensuite commandé le 99e escadron de chasseurs, entièrement noir, à la demande de l'administration Roosevelt. Davis a organisé et dirigé le 332e groupe de chasseurs en 1943. (les Tuskegee Airmen).

Pendant la Seconde Guerre mondiale, Davis a effectué 60 missions et a été décoré de l'étoile d'argent. En 1944, il avait obtenu le grade de colonel et, en 1954, il est devenu le premier général afro-américain de l'histoire de l'armée de l'air américaine.

Promu lieutenant général en 1965, Davis a été directeur de la sécurité de l'aviation civile et secrétaire adjoint à la sécurité environnementale et aux affaires des consommateurs au ministère des Transports. La dernière affectation de Davis avant sa retraite a été celle de chef d'état-major des forces américaines en Corée et de chef d'état-major de la Commission des Nations Unies sur place.

L'autobiographie de Davis a été publiée en 1991. Elle a permis de jeter un regard neuf sur les relations raciales dans l'armée américaine. Benjamin Oliver Davis, Jr. est décédé le 4 juillet 2002 à Washington, D.C.

Points forts

- Benjamin Oliver Davis, Jr. était un pilote, un officier et un administrateur qui est devenu le premier général afro-américain de l'armée de l'air américaine.
- Son père, Benjamin O. Davis, Sr, a été le premier Afro-Américain à devenir général dans une branche de l'armée américaine.
- À la fin de la guerre, Davis avait lui-même effectué 60 missions de combat et avait été promu colonel.
- Benjamin O. Davis Jr, Américain, son autobiographie publiée en 1991, retrace sa carrière.

Questions de recherche

1. Comment Benjamin Oliver Davis, Jr. est-il devenu officier ?
2. Feraient-ils un formidable feuilleton télévisé sur sa vie, une émission ou une biographie ?
3. Quel est votre film préféré sur la guerre ou le service militaire ?
4. Quelles sont les idées fausses que vous avez entendues à propos des soldats noirs après la Seconde Guerre mondiale ?

Thurgood Marshall (1908-1993)
Juge de la Cour suprême des États-Unis

"Chacun de vous, en tant qu'individu, doit choisir ses propres objectifs. Écoutez les autres, mais ne devenez pas un suiveur aveugle."

L'avocat américain Thurgood Marshall est devenu le premier juge afro-américain de la Cour suprême des États-Unis. En tant qu'avocat, puis en tant que juge, il a été un ardent défenseur des droits civils.

Marshall est né à Baltimore, dans le Maryland, le 2 juillet 1908. Il a fréquenté l'université Lincoln et est sorti premier de sa promotion à la faculté de droit de l'université Howard en 1933. Il a commencé à exercer dans le privé à Baltimore avant de rejoindre le personnel juridique de la

National Association for the Advancement of Colored People (NAACP) en 1936, où il s'est spécialisé dans les affaires de droits civils.

Thurgood Marshall en devient le principal conseiller juridique en 1938. Sur les 32 affaires que Marshall a plaidées devant la Cour suprême, il en a gagné 29. Sa victoire la plus notable est celle de l'affaire Brown contre Board of Education of Topeka (1954), dans laquelle la Cour suprême a invalidé la politique du "séparé mais égal" qui avait été utilisée pour justifier la ségrégation raciale dans les écoles publiques.

M. Marshall a ensuite été juge d'une cour d'appel des États-Unis de 1962 à 1965 et solliciteur général des États-Unis de 1965 à 1967, date à laquelle le président Lyndon B. Johnson l'a nommé juge associé de la Cour suprême.

En tant que juge libéral de la Cour suprême, Marshall était connu pour sa lutte contre la discrimination, son opposition à la peine de mort et sa défense de la liberté d'expression et des libertés civiles. Il s'est retiré de la magistrature en 1991. Marshall est décédé à Bethesda, dans le Maryland, le 24 janvier 1993.

Points forts

- En tant qu'avocat, il a plaidé avec succès devant la Cour l'affaire Brown contre Board of Education of Topeka (1954), qui a déclaré inconstitutionnelle la ségrégation raciale dans les écoles publiques américaines.
- Le président Lyndon B. Johnson a nommé Marshall au poste de solliciteur général des États-Unis en juillet 1965 et l'a nommé à la Cour suprême le 13 juin 1967 ; la nomination de Marshall a été confirmée (1969-2011) par le Sénat des États-Unis le 30 août 1967.
- Marshall a siégé à la Cour suprême alors que celle-ci traversait une période de changement idéologique majeur.

Questions de recherche

1. Comment pensez-vous que Thurgood Marshall aurait réagi lorsqu'il a appris qu'il était nommé comme premier juge noir à la Cour suprême ?
2. Les gens ont-ils été déçus parce qu'ils attendaient plus de Thurgood ?
3. Quels conseils pouvez-vous donner à notre génération de militants et de futurs dirigeants qui pourraient vouloir suivre ses traces ou devenir ce qui leur plaît, indépendamment de leur race, de leur apparence, de leur origine ou de leur niveau d'éducation ?

Malcolm X (1925-1965)
Leader musulman américain

"Un homme qui ne tient à rien tombera pour n'importe quoi."

Militant noir, Malcolm X défendait les droits des Afro-Américains et les incitait à développer l'unité raciale. Il était connu pour son association d'abord avec la Nation of Islam, parfois connue sous le nom de Black Muslims, puis avec l'Organization of Afro-American Unity, qu'il a fondée après avoir rompu avec la Nation of Islam.

Malcolm Little est né à Omaha, Nebraska, le 19 mai 1925, le septième de 11 enfants. La famille a rapidement déménagé à Lansing, Michigan. Là, ils sont harcelés par des Blancs qui n'apprécient pas les opinions nationalistes noires du père, Earl Little, un organisateur du mouvement de retour en Afrique de Marcus Garvey.

Lorsque Malcolm avait six ans, son père a été assassiné. Sa mère a ensuite fait une dépression nerveuse et la famille a été séparée par les services sociaux. Plus tard dans sa vie, Malcolm en est venu à croire que les Blancs avaient détruit sa famille.

Placé dans une série d'écoles et de pensionnats, Malcolm devient un bon élève et rêve de devenir avocat. Un professeur lui dit cependant que, parce qu'il est noir, il devrait plutôt apprendre la menuiserie. Découragé, il quitte l'école après la huitième année pour vivre avec un parent à Boston, Massachusetts.

Malcolm cire des chaussures et travaille dans une fontaine à soda, dans un restaurant et dans l'équipe de cuisine d'un chemin de fer. En 1942, il s'installe dans le quartier noir de Harlem à New York. Il vit comme un arnaqueur, trichant pour gagner de l'argent. Il se méfie de la police. Il vend de la drogue et devient lui-même dépendant. Poursuivi par un arnaqueur rival, il retourne à Boston, où il organise un réseau de cambriolage. En 1946, il est envoyé en prison pour cambriolage.

Pendant son séjour en prison, Malcolm adopte la forme d'islam pratiquée par un groupe qui sera plus tard connu sous le nom de Nation of Islam. Ce groupe mettait l'accent sur une conduite éthique avec les autres Afro-Américains mais enseignait que les Blancs étaient des "diables". Libéré de prison en 1952, Malcolm rejoint son jeune frère à Détroit, dans le Michigan. Malcolm a remplacé son nom de famille par un X pour symboliser son "véritable nom de famille africain" perdu. C'était une coutume chez les adeptes de la Nation of Islam qui considéraient que leurs noms de famille provenaient des esclavagistes blancs.

Malcolm X devient rapidement un participant actif de la Nation of Islam. Il aide le leader national, Elijah Muhammad, en créant de nombreux nouveaux groupes musulmans à travers les États-Unis. Son succès en tant que recruteur est dû à ses talents d'orateur, car il s'efforce d'insuffler la fierté raciale à ses auditeurs noirs et raconte les souffrances des Noirs sous la domination blanche. En 1954, il retourne à New York pour devenir ministre de l'important temple de Harlem. En 1957, il fonde le journal musulman Muhammad Speaks.

Au début des années 1960, la Nation of Islam est devenue connue à l'échelle nationale. Malcolm X était leur ministre national le plus efficace et leur porte-parole le plus reconnu. Il était cependant de plus en plus ignoré par les musulmans noirs qui l'accusaient de rechercher la gloire personnelle.

En 1963, Malcolm X est officiellement réduit au silence pour avoir déclaré que l'assassinat du président John F. Kennedy était un cas de "retour des poulets au bercail". Elijah Muhammad le suspend du mouvement.

En 1964, Malcolm X rompt complètement avec la Nation of Islam et commence à construire sa propre Organization of Afro-American Unity (OAAU). Il fait le hajj, ou pèlerinage à la Mecque, en Arabie saoudite, pour se familiariser avec le "véritable islam". Impressionné par la camaraderie qu'il observe parmi les pèlerins de toutes les couleurs, Malcolm X en vient à croire que les Blancs, comme les Noirs, sont victimes d'une société raciste. Il pensait que l'islam pourrait un jour unir les gens de toutes les races. Après le hajj, il adopte le nom de el-Hajj Malik el-Shabazz.

Au cours de ses voyages ultérieurs dans des pays africains, où il a été honoré par leurs hommes d'État, Malcolm X a commencé à prôner le panafricanisme. Il pensait que les Noirs du monde entier devaient s'unir pour combattre le racisme.

Au cours de l'hiver 1964-1965, Malcolm X reçoit plusieurs menaces de mort, et son domicile est bombardé. Le 21 février 1965, alors qu'il prenait la parole lors d'un rassemblement de l'OAAU à Harlem, il a été tué par balle. Trois membres de la Nation of Islam sont condamnés pour ce meurtre.

La mort de Malcolm X a attristé les Blancs et les Noirs qui admiraient ses efforts inlassables pour renforcer la fierté des Noirs et qui partageaient son espoir que toutes les races puissent un jour être unies dans la fraternité. Malcolm X a quitté sa femme, Betty Shabazz, qu'il avait épousée en 1958. Ils avaient six filles.

L'autobiographie de Malcolm X, publiée à titre posthume en 1965, a été écrite par Alex Haley, auteur de Roots. Le livre était basé sur de nombreux entretiens que Haley avait menés avec Malcolm X peu avant son assassinat.

En 1992, le réalisateur Spike Lee a sorti le film Malcolm X, avec Denzel Washington dans le rôle titre. Ce film populaire mais controversé a ravivé l'intérêt pour le leader assassiné, en particulier chez les jeunes Afro-Américains.

Points forts

- Malcolm X, nom d'origine Malcolm Little, nom musulman el-Hajj Malik el-Shabazz, était un leader afro-américain et une personnalité éminente de la Nation of Islam qui a articulé les concepts de fierté raciale et de nationalisme noir au début des années 1960.
- Après sa libération de prison, Malcolm a contribué à diriger la Nation of Islam pendant la période de sa plus grande croissance et influence.
- Après son assassinat, la large diffusion de son récit de vie - L'autobiographie de Malcolm X (1965) - a fait de lui un héros idéologique, en particulier parmi les jeunes Noirs.

Questions de recherche

1. Que pensez-vous de la transformation de Malcolm X, qui est passé du statut de criminel à celui de leader du mouvement des droits civiques ?
2. Selon vous, qu'est-ce qui a eu le plus d'impact - son message ou ses actions ? Pourquoi ?
3. Comment faire en sorte qu'un tel personnage qui a semé la discorde ne soit pas oublié ou mal représenté dans le monde d'aujourd'hui ?
4. Pensez-vous qu'il est temps d'avoir plus de héros noirs dans notre société ?

Jackie Robinson (1919-1972)
Joueur de baseball américain

"Par-dessus tout, je déteste perdre."

"*Une vie n'est importante que par l'impact qu'elle a sur d'autres vies*", peut-on lire sur la pierre tombale de Jackie Robinson, le premier athlète afro-américain à jouer dans les ligues majeures de baseball au XXe siècle. En franchissant la barrière de la couleur en 1947, Robinson a fait un grand pas en avant non seulement pour les athlètes noirs, mais aussi pour tous ceux qui se préoccupent de la justice raciale.

Jack Roosevelt Robinson est né le 31 janvier 1919 à Cairo, en Géorgie, mais a grandi à Pasadena, en Californie. Après avoir fait preuve de capacités athlétiques exceptionnelles au lycée et au collège, il excelle dans le baseball, le football, le basket-ball et l'athlétisme à l'Université de

Californie à Los Angeles (UCLA) et devient le premier étudiant de l'école à obtenir quatre lettres en une année.

Robinson quitte l'UCLA en 1941 et joue brièvement au football professionnel avant d'être appelé dans l'armée américaine. Pendant son service, il a refusé de s'asseoir à l'arrière d'un bus et a été menacé de passer en cour martiale, mais les charges ont été abandonnées et il a été démobilisé en 1945.

Alors qu'il jouait au baseball pour les Kansas City Monarchs dans la Negro National League, Robinson a attiré l'attention d'un recruteur des Brooklyn (aujourd'hui Los Angeles) Dodgers et a été présenté au président de l'équipe Branch Rickey. À l'époque, la ligue majeure de baseball était fermée aux joueurs noirs. Rickey pensait que c'était une erreur et il voulait trouver quelqu'un qui pourrait réussir à intégrer ce sport. Après avoir rencontré Robinson et avoir été impressionné par son courage ainsi que par ses compétences, Rickey le fait signer le 23 octobre 1945 pour jouer dans l'équipe AAA des Dodgers à Montréal. Au cours de la saison 1946, Robinson a réalisé un score de .349 avec le farm club et a mené l'équipe à la victoire dans la Little World Series.

Jackie Robinson fait ses débuts en ligue majeure en avril 1947. Le principal problème qu'il doit surmonter est de contrôler son tempérament fougueux face aux insultes raciales continuelles de la foule et des autres joueurs, y compris certains de ses propres coéquipiers.

Robinson n'a pas rompu la promesse faite à Rickey de garder le silence, bien que les lanceurs lui aient parfois délibérément lancé des projectiles, que les hôtels des matchs à l'extérieur n'aient souvent pas voulu l'accueillir et que lui et sa famille aient reçu des menaces de mort. Au lieu de cela, Jackie Robinson laisse parler ses actions en réalisant un score de 297 points et en étant le meilleur de la Ligue nationale en termes de bases volées. Il est élu recrue de l'année à la fin de la saison.

Avec une moyenne de 0,342, Jackie Robinson est devenu le champion de la batte et le joueur le plus utile de la ligue en 1949. Au cours de sa carrière, qu'il a passée principalement en tant que joueur de deuxième base, Robinson a aidé les Dodgers à remporter six championnats de la National League et un titre de World Series.

Jackie Robinson a pris sa retraite en 1956 avec une moyenne de frappe de 0,311 à vie et 197 bases volées au total. Les Dodgers ont ensuite retiré son maillot numéro 42. Lorsqu'il a été élu au Baseball Hall of Fame en 1962, il a été le premier joueur noir à être ainsi honoré.

Après que Jackie Robinson a quitté le baseball, il a poursuivi des intérêts commerciaux tout en continuant à œuvrer en faveur des droits civiques. Le diabète et les problèmes cardiaques l'accablent et il meurt le 24 octobre 1972 à Stamford, dans le Connecticut. Sa femme a créé l'année suivante la Fondation Jackie Robinson pour offrir des bourses d'études aux minorités. En 1997, la ligue majeure de baseball a organisé une célébration tout au long de la saison pour marquer le 50e anniversaire de ses débuts historiques.

Points forts

- Jackie Robinson, de son vrai nom Jack Roosevelt Robinson, a été le premier joueur de baseball noir à jouer dans les ligues majeures américaines au cours du 20e siècle.
- Le 15 avril 1947, Robinson a brisé la "ligne de couleur", vieille de plusieurs décennies, de la Major League Baseball lorsqu'il est apparu sur le terrain pour les Brooklyn Dodgers de la National League.
- En 1942, il s'engage dans l'armée américaine et suit l'école d'aspirants officiers ; il est nommé sous-lieutenant en 1943.
- Son autobiographie, I Never Had It Made, a été publiée en 1972.

Questions de recherche

1. Qu'est-ce que vous préférez chez Jackie Robinson ?
2. Comment Jackie Robinson a-t-il changé la Ligue majeure de baseball ?
3. En plus d'être un joueur de baseball, qu'est-ce que Robinson a fait d'autre pour la société et à un niveau personnel ?

Jesse Owens (1913-1980)
Athlète afro-américain d'athlétisme

"Nous avons tous des rêves. Pour que les rêves deviennent réalité, il faut beaucoup de détermination, de dévouement, d'autodiscipline et d'efforts."

Les Jeux olympiques de 1936 se sont déroulés à Berlin, en Allemagne, sous les auspices du nouveau régime nazi. Adolf Hitler avait l'intention d'utiliser ces jeux pour démontrer ce qu'il croyait être la supériorité de la race aryenne, ou blanche. Cet objectif a été sérieusement compromis lorsqu'un athlète afro-américain nommé Jesse Owens a remporté quatre médailles d'or dans les épreuves d'athlétisme.

James Cleveland Owens est né à Oakville, dans l'Alabama, le 12, 1913. Au début des années 1920, sa famille déménage à Cleveland, dans l'Ohio, à la recherche de meilleures opportunités économiques et éducatives. Il établit ses premiers records d'athlétisme au saut en hauteur et au saut en longueur alors qu'il est élève à la Fairmount Junior High School en 1928.

Jesse devient une star de l'athlétisme au lycée, et à la fin de sa dernière année, il bat trois records nationaux interscolaires lors de la rencontre nationale des écoles à Chicago. Il s'inscrit à l'université d'État de l'Ohio en septembre 1933 et y mène une carrière remarquable sur piste. En une seule journée, le 25 mai 1935, lors d'une rencontre Big Ten à l'université du Michigan, Owens égale le record du monde du sprint sur 100 mètres (9,4 secondes) et établit de nouveaux records du monde pour le sprint sur 220 mètres (20,3 secondes), les haies basses sur 220 mètres (22,6 secondes) et le saut en longueur (26 pieds 8 1/4 pouces, soit 8,13 mètres).

À Berlin, Owens établit un record de saut en longueur qui durera 25 ans. Il égalise également le record olympique de la course de 100 mètres (10,3 secondes) et établit un nouveau record mondial dans la course de 200 mètres (20,7 secondes).

Après son triomphe olympique, Owens obtient son diplôme en 1937 et travaille pendant plusieurs années pour la Commission athlétique de l'Illinois. Il quitte la commission en 1955 et effectue des voyages de bienfaisance en Inde et en Extrême-Orient pour le Département d'État. Owens est décédé à Phoenix, en Arizona, le 31 mars 1980.

Points forts

- Jesse Owens, de son vrai nom James Cleveland Owens, était un athlète américain d'athlétisme qui a établi un record du monde de saut en longueur qui est resté en vigueur pendant 25 ans et qui a remporté quatre médailles d'or aux Jeux olympiques de Berlin en 1936.
- Ses quatre victoires olympiques ont porté un coup à l'intention d'Adolf Hitler d'utiliser les Jeux pour démontrer la supériorité aryenne.
- En 1976, Owens a reçu la médaille présidentielle de la liberté, et en 1990, il a reçu à titre posthume la médaille d'or du Congrès.

Questions de recherche

1. Que pensez-vous de l'histoire de la vie de Jesse Owens ?
2. Avez-vous entendu parler de l'histoire olympique de l'Allemagne et des Jeux olympiques nazis ?
3. Si vous étiez dans une pièce avec Adolf Hitler à ce moment précis, que lui diriez-vous ?

Bobby Seale (né en 1936)
Activiste politique américain, cofondateur du Black Panther Party

*"Nous ne détestons personne à cause de sa couleur.
Nous détestons l'oppression !"*

Bobby Seale, militant politique **afro-américain,** est le fondateur, avec **Huey Newton**, et le président national du Black Panther Party. Seale fait partie d'une génération de jeunes radicaux afro-américains qui ont rompu avec le **mouvement des droits civiques** traditionnellement non violent pour prêcher une doctrine d'autonomisation militante des Noirs. Après l'abandon des accusations de meurtre portées contre lui en 1971, Seale a quelque peu modéré ses opinions plus militantes et s'est consacré à la réalisation de changements au sein du système.

Robert Seale est né le 22 octobre 1936 à Dallas, au Texas, et a grandi à Dallas et en Californie. Après avoir servi dans l'armée de l'air américaine, il entre au Merritt College, à Oakland, en Californie. C'est là que son radicalisme prend racine en 1962, lorsqu'il entend pour la première fois Malcolm X parler. Seale participe à la fondation des Black Panthers en 1966. Réputées pour leurs idées violentes, les Black Panthers gèrent également des cliniques médicales et servent des petits-déjeuners gratuits aux écoliers, entre autres programmes.

En 1969, Seale est inculpé à Chicago, dans l'Illinois, pour conspiration en vue d'inciter à des émeutes pendant la convention nationale démocrate de l'année précédente. Le tribunal lui refuse le droit de choisir son avocat. Lorsque Seale s'est levé à plusieurs reprises pour insister sur le fait qu'on lui refusait son droit constitutionnel à un avocat, le juge a ordonné qu'il soit attaché et bâillonné. Il est reconnu coupable de 16 chefs d'accusation d'outrage et condamné à quatre ans de prison. En 1970-71, il a été jugé avec un coaccusé pour le meurtre, en 1969, d'un Black Panther soupçonné d'être un informateur de la police. Le procès, qui a duré six mois, s'est terminé par un jury sans voix.

Après sa sortie de prison, Seale renonce à la violence comme moyen de parvenir à ses fins et annonce son intention de travailler dans le cadre du processus politique. Il se présente à la mairie d'Oakland en 1973, et termine deuxième. Alors que le Black Panther Party disparaît de la scène publique, Seale joue un rôle plus discret, travaillant à l'amélioration des services sociaux dans les quartiers noirs et à l'amélioration de l'environnement. Parmi les écrits de Seale figurent des ouvrages aussi divers que SEIZE THE TIME (1970), une histoire du mouvement des Black Panthers, et BARBEQUE'N WITH BOBBY (1988), un livre de cuisine.

Points forts

- Bobby Seale fait partie d'une génération de jeunes radicaux afro-américains qui ont rompu avec le mouvement des droits civiques traditionnellement non violent pour prêcher une doctrine d'autonomisation militante des Noirs.
- Après avoir servi dans l'armée de l'air américaine, Bobby Seale entre au Merritt College, à Oakland, en Californie, où son radicalisme prend racine en 1962, lorsqu'il entend pour la première fois Malcolm X parler.
- Bobby Seale s'est présenté à la mairie d'Oakland en 1973, terminant deuxième.

- Alors que le Black Panther Party disparaît de la scène publique, Seale joue un rôle plus discret, travaillant à l'amélioration des services sociaux dans les quartiers noirs et à l'amélioration de l'environnement.

Questions de recherche

1) Que pensez-vous des idéaux du parti des Black Panthers ?
2) Quel est votre système politique préféré et pourquoi s'agit-il d'une démocratie ?
3) Quelle importance a eu Bobby Seale pour l'émancipation des Noirs ?

Patrice Lumumba (1925-1961)
Premier Premier ministre de la République démocratique indépendante

"Personne n'est parfait dans ce monde imparfait."

Premier Premier ministre de la République démocratique du Congo, Patrice Lumumba a occupé son poste pendant moins de trois mois et a été assassiné par ses opposants quatre mois après avoir été éjecté du pouvoir. Lumumba est vénéré comme un héros national pour son courage et ses ambitions.

Patrice Lumumba est né à Onalua, au Congo belge, le 2 juillet 1925. Il ne termine pas sa scolarité avant de s'installer à Léopoldville, aujourd'hui Kinshasa, et de devenir employé des postes. Il s'engage alors dans le mouvement syndical et dans le parti libéral belge.

En 1956, Patrice Lumumba est reconnu coupable de détournement de fonds de la poste et emprisonné pendant 12 mois. Libéré, il devient vendeur, mais il est rattrapé par les mouvements nationalistes qui naissent en Afrique. En 1958, il fonde le Mouvement national congolais. Lorsque la Belgique accorde l'indépendance au Congo le 30 juin 1960, son parti obtient le plus grand nombre de sièges à l'assemblée législative et il devient Premier ministre du président Joseph Kasavubu, un rival politique.

Au cours de la première année d'indépendance, la nouvelle nation était en proie à une agitation constante. L'armée se rebelle et la province du Katanga fait sécession. Les efforts de Lumumba pour résoudre ces crises n'aboutissent pas et, le 5 septembre 1960, Kasavubu le démet de ses fonctions. Lumumba a contesté cette décision et, pendant des mois, chacun a prétendu être à la tête du gouvernement légal. En décembre, il est capturé par les forces de Kasavubu.

Un mois plus tard, Lumumba a été livré au régime sécessionniste du Katanga. Il a été assassiné quelques heures après ce transfert. Les circonstances de sa mort n'ont jamais été expliquées de manière satisfaisante, certaines théories désignant son successeur, Joseph Mobutu, tandis que d'autres suggèrent que la Central Intelligence Agency des États-Unis était derrière le meurtre.

Cependant, un rapport publié par le gouvernement belge en novembre 2001 a reconnu que son pays avait joué un rôle dans l'assassinat de Lumumba. En février 2002, le gouvernement belge a présenté des excuses officielles à la famille de Lumumba.

Points forts

- Patrice Lumumba, en abrégé Patrice Hemery Lumumba, était un leader nationaliste africain, premier Premier ministre de la République démocratique du Congo (juin-septembre 1960).
- Il était pour un Congo unitaire et contre la division du pays selon des lignes ethniques ou régionales.
- Il proclame que son régime est celui du "neutralisme positif", qu'il définit comme un retour aux valeurs africaines et le rejet de toute idéologie importée, y compris celle de l'Union soviétique.

Questions de recherche

1. Pensez-vous que Patrice Lumumba a accompli ce qu'il s'était fixé comme objectif ? A-t-il tenu ses promesses ? A votre avis, qu'est-ce qui a pu mal tourner ?
2. Pourquoi pensez-vous qu'il est un héros ?
3. Pourquoi célébrons-nous le mois de l'histoire des Noirs en février ?

James Meredith (né en 1933)
Militant américain des droits civiques et auteur

"Les Blancs libéraux sont les plus grands ennemis des Afro-Américains."

En 1962, James Meredith est entré dans l'histoire en devenant le premier Afro-Américain à s'inscrire à l'université du Mississippi. Son inscription dans cette université entièrement blanche a suscité la colère des responsables de l'État et des foules locales anti-déségrégationnistes, obligeant le gouvernement américain à fournir des troupes fédérales pour assurer sa protection. Bien qu'il se soit engagé dans le mouvement des droits civiques dans les années qui ont immédiatement suivi sa sortie de l'école, Meredith est devenu de plus en plus conservateur lorsque le mouvement s'est radicalisé dans les années 1970.

James Howard Meredith est né le 25 juin 1933 à Kosciusko, dans le Mississippi, dans une famille où l'éducation et les valeurs traditionnelles étaient très appréciées. Après le lycée, Meredith s'est engagé dans l'armée de l'air américaine, où il a servi de 1951 à 1960. Après sa démobilisation, Meredith s'est inscrit au Jackson State College (aujourd'hui Jackson State University) à Jackson, dans le Mississippi. À cette époque, Jackson State, comme toutes les écoles du Mississippi, pratiquait la ségrégation, l'inscription étant réservée aux Afro-Américains.

En 1961, James Meredith s'inscrit à l'université du Mississippi, entièrement blanche, en tant qu'étudiant de transfert. Sa demande ayant été rejetée deux fois, il fait appel à l'Association nationale pour l'avancement des personnes de couleur (NAACP) et à son secrétaire local Medgar Evers pour obtenir de l'aide. Une plainte pour discrimination raciale est déposée au tribunal, mais elle est rejetée.

Après une année d'appels par les avocats de la NAACP au nom de Meredith, la décision du tribunal est annulée par la Cour suprême des États-Unis, qui juge le 10 septembre 1962 que James Meredith a le droit de fréquenter l'université.

Malgré la décision fédérale en faveur de Meredith, les fonctionnaires de l'État ont juré de l'empêcher d'entrer à l'université. Dix jours après la décision de la Cour suprême, Meredith tente de s'inscrire aux cours, mais il est arrêté par le gouverneur du Mississippi, Ross Barnett, qui se présente en personne pour l'empêcher d'entrer. L'action de Barnett reçoit le soutien de foules de spectateurs anti-déségrégationnistes, ainsi que l'attention des médias nationaux.

Au cours de la semaine suivante, Meredith, accompagné par des marshals fédéraux, a essayé à plusieurs reprises de s'inscrire à divers endroits du campus. À chaque fois, il est bloqué par des fonctionnaires de l'État. Ce mépris flagrant d'une décision fédérale par des fonctionnaires de l'État, associé à la menace croissante d'une action violente de la foule, a incité le président John Kennedy et le procureur général Robert Kennedy, le 30 septembre, à ordonner à plus de 500 agents fédéraux d'escorter Meredith sur le campus.

Quelques heures après leur arrivée, une foule s'est formée et a commencé à se déchaîner, attaquant les gardes avec des briques, des cocktails Molotov et des armes à feu. Kennedy ordonne rapidement l'envoi de 16 000 soldats fédéraux supplémentaires pour faire face à la foule, qui finit par atteindre près de 2 000 personnes. Les troupes, qui avaient reçu l'ordre de ne pas tirer, ont utilisé des gaz lacrymogènes pour réprimer les émeutes qui ont suivi. À la fin de la journée, l'ordre était rétabli, mais non sans un coût important - deux personnes avaient été tuées et 160 autres avaient été blessées, dont 28 marshals qui avaient été abattus par des personnes dans la foule.

Le lendemain, à nouveau escorté par des marshals fédéraux, James Meredith est enregistré à l'université. Pendant le reste de son séjour, un petit nombre de troupes fédérales reste sur le campus pour le protéger.

Le séjour de Meredith à l'université du Mississippi est relativement bref. Il a obtenu son diplôme en 1963 et s'est engagé dans des actions locales de défense des droits civiques. Le 5 juin 1966, il entame une marche de Memphis (Tennessee) à Jackson, dans le but de protester contre le racisme et d'encourager les Afro-Américains à s'inscrire sur les listes électorales. Au deuxième jour de la "Marche contre la peur", comme on l'appelle, Meredith est abattu par un tireur embusqué. Il est hospitalisé et la marche est poursuivie par plusieurs leaders des droits civiques, dont Martin Luther King, Floyd McKissick du Congrès de l'égalité raciale (CORE) et Stokely Carmichael (qui s'appellera plus tard Kwame Toure).

James Meredith rejoint la marche le 24 juin, et deux jours plus tard, elle se termine par un rassemblement à Jackson. La marche a été couronnée de succès, tant pour sensibiliser au problème du racisme que pour encourager l'inscription des électeurs - on estime que 4 000 nouveaux électeurs afro-américains ont été inscrits au Mississippi au cours de la marche.

Meredith s'inscrit ensuite à la faculté de droit de l'université Columbia à New York, où il obtient un diplôme de droit en 1968. Dans les années qui suivent, Meredith est de plus en plus perturbé par ce qu'il considère comme le militantisme croissant des mouvements des droits civiques et du Black Power.

James Meredith travaille dans diverses entreprises et s'éloigne de plus en plus de la politique afro-américaine. Fervent opposant à la discrimination positive, Meredith s'est attiré de vives critiques de la part des dirigeants afro-américains et libéraux lorsqu'il a choisi, en 1989, de travailler pour le très conservateur et controversé sénateur Jesse Helms de Caroline du Nord.

James Meredith a écrit plusieurs livres sur ses impressions du début du mouvement des droits civiques, notamment Three Years in Mississippi (1966) et Mississippi : A Volume of Eleven Books (1995).

Points forts

- James Meredith est un militant américain des droits civiques qui a acquis une renommée nationale à un moment clé du mouvement des droits civiques en 1962, lorsqu'il est devenu le premier étudiant afro-américain de l'université du Mississippi.
- Ses demandes répétées d'inscription à l'université du Mississippi ont été refusées uniquement en raison de sa race, selon le verdict de sa bataille judiciaire de 1961-1962, qui a été gagnée en appel avec l'aide juridique de la National Association for the Advancement of Colored People (NAACP).
- Le séjour de Meredith au Mississippi a été bref ; il a obtenu son diplôme en 1963.
- Le documentaire Walk Against Fear : James Meredith est paru en 2020.

Questions de recherche

1. Que pensez-vous de ses réalisations ?
2. Si les gens apprenaient à mieux connaître l'Amérique, qu'apprendraient-ils à son sujet qu'ils ne connaissent peut-être pas aujourd'hui ?

Ralph Abernathy (1926-1990)
Pasteur américain et leader des droits civiques

" Les chrétiens devraient être prêts pour un changement car Jésus a été le plus grand changeur de l'histoire. "

Ralph David Abernathy, pasteur américain et leader des droits civiques, était le principal assistant et le plus proche collaborateur de Martin Luther King, Jr, pendant le mouvement des droits civiques des années 1950 et 1960. Abernathy a cofondé, avec Martin Luther King, la Southern Christian Leadership Conference (SCLC), qui visait à coordonner et à aider les organisations locales œuvrant pour la pleine égalité des Afro-Américains dans tous les aspects de la vie américaine.

Abernathy est né le 11 mars 1926 à Linden, en Alabama. Fils d'un agriculteur prospère, il a été ordonné pasteur baptiste en 1948. En 1950, M. Abernathy a obtenu un baccalauréat en mathématiques de l'Université d'État de l'Alabama et, en 1951, une maîtrise en sociologie de l'Université d'Atlanta. Il devient ensuite pasteur de la First Baptist Church de Montgomery, en Alabama, et rencontre King quelques années plus tard lorsque ce dernier devient pasteur d'une autre église baptiste dans la même ville. En 1955-1956, les deux hommes organisent le boycott par les citoyens noirs du système de bus publics de Montgomery, ce qui entraîne la déségrégation raciale du système en 1956. Ce boycott non violent a marqué le début du mouvement des droits civiques qui allait déségréger la société américaine au cours des deux décennies suivantes.

King et Abernathy poursuivent leur étroite collaboration alors que le mouvement des droits civiques prend de l'ampleur, et en 1957, ils fondent la Southern Christian Leadership Conference (avec King comme président et Abernathy comme secrétaire-trésorier).

En 1961, Ralph David Abernathy transfère ses activités religieuses à Atlanta, en Géorgie, et cette année-là, il est nommé vice-président de la SCLC. Il reste le principal assistant et le plus proche conseiller de King jusqu'à l'assassinat de ce dernier en 1968, date à laquelle Abernathy lui succède à la présidence du SCLC. Abernathy a dirigé cette organisation jusqu'à sa démission en 1977, après quoi il a repris son travail de pasteur d'une église baptiste à Atlanta.

L'autobiographie de Ralph David Abernathy, "And the Walls Came Tumbling Down", est parue en 1989. Abernathy est mort le 17 avril 1990, à Atlanta.

Points forts

- Ralph David Abernathy, pasteur noir américain et leader des droits civiques, était le principal assistant et le plus proche collaborateur de Martin Luther King pendant le mouvement des droits civiques des années 1950 et 1960.
- King et Abernathy poursuivent leur étroite collaboration alors que le mouvement des droits civiques prend de l'ampleur, et en 1957, ils fondent la Southern Christian Leadership Conference (SCLC ;

avec King comme président et Abernathy comme secrétaire-trésorier) pour organiser la lutte non violente contre la ségrégation dans tout le Sud.
- Il est resté le principal assistant et le plus proche conseiller de King jusqu'à l'assassinat de ce dernier en 1968, date à laquelle Abernathy lui a succédé comme président du SCLC.
- Il a dirigé cette organisation jusqu'à sa démission en 1977, après quoi il a repris son travail de pasteur d'une église baptiste à Atlanta.

Questions de recherche

---

1. Pour quoi d'autre Ralph Abernathy est-il connu ?
2. Quelle est la principale réalisation d'Abernathy que nous devrions tous connaître ?
3. Pourquoi pensez-vous qu'il est important pour nous de nous souvenir de lui comme d'un héros digne d'être étudié ?
4. Si les enfants biraux ne reçoivent pas les informations dont ils ont besoin sur des héros tels que Ralph, que se passera-t-il lorsqu'on leur demandera pourquoi les cours d'histoire ne leur parlent pas de ces choses ?

Jesse Jackson (né en 1941)
Pasteur et activiste américain

"Ne regarde jamais quelqu'un de haut, sauf si tu l'aides à se relever."

Premier Afro-Américain à se porter candidat à la présidence des États-Unis, le leader des droits civiques Jesse Jackson s'est imposé comme une force politique dominante tout au long des années 1980. Orateur très éloquent et dynamique, il est connu pour son plaidoyer passionné en faveur de l'autonomisation, de la paix et de la justice sociale.

Jesse Jackson a fondé des organisations comme Operation PUSH (People United to Save Humanity) et la National Rainbow Coalition et est largement reconnu comme un ambassadeur international de la paix.

Jesse Louis Jackson est né à Greenville, en Caroline du Sud, le 8 octobre 1941, et a été élevé par sa mère et son beau-père. Excellent élève et athlète, il obtient une bourse de football à l'université de l'Illinois. Il est ensuite entré au North Carolina Agricultural and Technical College, où il s'est engagé dans le mouvement pour les droits civiques. Après avoir obtenu une licence en sociologie en 1964, Jackson a poursuivi des études supérieures au séminaire théologique de Chicago.

L'année suivante, cependant, Jesse Jackson met ses études en suspens afin de rejoindre la Southern Christian Leadership Conference (SCLC) sous la direction de Martin Luther King, Jr, dans sa lutte pour faire avancer le mouvement des droits civiques. Peu de temps après, Martin Luther King nomme Jackson directeur de l'opération Breadbasket de la SCLC à Chicago, une organisation qui se consacre à aider les Afro-Américains à trouver des emplois et d'autres services.

Tout en travaillant pour l'organisation, Jackson a été ordonné pasteur baptiste en 1968. En 1971, Jackson a fondé Operation PUSH à Chicago, une organisation d'entraide qui a poursuivi le travail de Operation Breadbasket en encourageant les Afro-Américains et les personnes défavorisées à devenir économiquement autonomes et en contribuant à leur ouvrir davantage de possibilités en matière d'emploi, de commerce et d'éducation.

Tout au long de sa carrière, Jesse Jackson a démontré son dévouement envers les jeunes, faisant largement campagne pour l'éducation et contre la toxicomanie et les gangs, avec son célèbre slogan "I am somebody". À la fin des années 1970, il a fondé PUSH-Excel, un programme de motivation visant à aider les enfants et les adolescents des quartiers défavorisés à réussir à l'école.

Puissant négociateur, Jackson s'implique également dans les affaires étrangères, œuvrant pour la paix et la justice à l'échelle internationale. En 1979, il se rend en Afrique du Sud pour dénoncer l'apartheid, un système oppressif dans lequel la majorité africaine se voit refuser les mêmes droits et privilèges que la minorité non africaine. En 1984, il a obtenu la libération du pilote de la marine américaine, le lieutenant Robert Goodman, dont l'avion avait été abattu au-dessus du Liban.

Plus tard cette année-là, Jackson s'est rendu à Cuba, où il a obtenu la libération de 48 prisonniers cubains et cubano-américains. En 1990,

Jackson a rencontré Saddam Hussein en Irak et l'a persuadé de libérer les otages américains capturés lors de l'invasion du Koweït par l'Irak. Il est retourné à Cuba en 1994 pour rencontrer Fidel Castro et a été envoyé en mission de paix au Nigeria plus tard cette année-là par le président Bill Clinton.

En 1997, Jesse Jackson a été nommé envoyé spécial du président et du secrétaire d'État pour la promotion de la démocratie en Afrique par le président Clinton et la secrétaire d'État Madeleine Albright. Jackson s'est également rendu à Belgrade, en Yougoslavie, en 1999, où il a convaincu le président Slobodan Milošević de libérer trois prisonniers de guerre américains capturés pendant la guerre du Kosovo.

La notoriété de Jackson en tant que figure internationale a eu une forte influence sur la communauté afro-américaine. Cette influence a été déterminante pour sa campagne d'inscription des électeurs, qui a permis d'élire le premier maire afro-américain de Chicago, Harold Washington, en avril 1983.

Jesse Jackson démontre encore davantage ses talents d'homme politique en 1984, lorsqu'il innove en faisant campagne pour l'investiture démocrate à la présidence. Disposant d'une base politique encore plus solide, il fait à nouveau campagne pour l'investiture en 1988, où, sur sept candidats, il termine en deuxième position. Peu après l'élection de 1984, Jackson a lancé la National Rainbow Coalition, basée à Washington.

Jackson a utilisé cette organisation comme un véhicule pour faire pression en faveur de l'émancipation politique, de changements dans les politiques publiques, de l'augmentation des droits de vote, de plus de programmes sociaux pour les pauvres et les handicapés, de l'allègement des impôts pour les pauvres et de l'égalité des droits pour les Afro-Américains, les minorités, les femmes, les homosexuels et les autres personnes opprimées.

En 1989, Jackson déplace sa résidence officielle de Chicago à Washington, D.C., où l'on pense qu'il se présentera comme maire. Au lieu de cela, il est élu en 1990 au poste de sénateur d'État, un poste de lobbying créé par le conseil municipal de Washington D.C. pour soutenir un projet de loi qui accorderait le statut d'État au district. En 1996, Jackson retourne à

Chicago et Operation PUSH et la National Rainbow Coalition fusionnent en une seule organisation, la Rainbow/PUSH Coalition, qui poursuit le travail des deux organisations.

Pour son dévouement au mouvement des droits civiques et sa promotion de la paix mondiale et de la justice sociale, Jackson a reçu plusieurs distinctions. En 1991, le service postal des États-Unis a placé l'image de Jackson sur un timbre d'annulation, faisant de lui la deuxième personne vivante de l'histoire des États-Unis à être ainsi honorée. Jackson a reçu le prix Martin Luther King Jr. pour la paix non violente en 1993 et a été décoré de la médaille présidentielle de la liberté en 2000 par le président Clinton.

Jesse Jackson a également reçu plus de 40 doctorats honorifiques et a obtenu un master of divinity du Chicago Theological Seminary en 2000.

Points forts

- Jesse Jackson, de son nom d'origine Jesse Louis Burns, est un leader américain des droits civiques, un pasteur baptiste et un homme politique dont les candidatures à la présidence des États-Unis (lors des courses à l'investiture du Parti démocrate en 1983-1984 et 1987-1988) ont été les plus réussies pour un Afro-Américain jusqu'en 2008, lorsque Barack Obama a obtenu l'investiture démocrate.
- Alors qu'il était étudiant, Jackson s'est impliqué dans le mouvement des droits civiques.
- Dans les années 1980, Jackson est devenu un porte-parole national de premier plan et un défenseur des Afro-Américains.

Questions de recherche

1. Quel a été son moment le plus mémorable ?
2. Pourquoi est-il un héros pour certaines personnes et pas pour d'autres ?
3. Quelle est la signification et l'histoire de son nom ?

James Lawson (né en 1928)
Pasteur américain et militant des droits civiques

"Notre pays est un pays piégé, encastré, dépendant de la mythologie de la violence".

James Lawson, pasteur américain et militant des droits civiques, a contribué à la fondation du Student Nonviolent Coordinating Committee (SNCC). Cette organisation a joué un rôle clé dans le mouvement des droits civiques des années 1960. De nombreux militants et spécialistes des droits civiques attribuent à James Lawson l'élaboration de la stratégie non violente du mouvement.

James Morris Lawson, Jr, est né le 22 septembre 1928 à Uniontown, en Pennsylvanie, mais a grandi dans l'Ohio. Son père et son grand-père étaient des ministres méthodistes, et Lawson a obtenu une licence de prédicateur en 1947.

James Lawson obtient ensuite une licence au Baldwin-Wallace College de Berea, dans l'Ohio, en 1951. Pendant qu'il y était, il a rejoint le Fellowship of Reconciliation (FOR), la plus ancienne organisation pacifiste du pays. Pendant cette période, Lawson a étudié les enseignements sur la non-violence du leader indien Mahatma Gandhi et du pasteur noir Howard Thurman. En 1951, Lawson a été condamné à la prison pour avoir refusé de s'enregistrer pour combattre dans la guerre de Corée en raison de ses convictions pacifistes.

Après sa libération de prison en 1952, Lawson s'est rendu en Inde. Il y travaille comme ministre du campus et enseignant au Hislop College de Nagpur. Il a passé du temps à discuter avec des personnes qui avaient travaillé avec Gandhi et a renouvelé son étude de l'utilisation de la non-violence par Gandhi.

Parallèlement, James Lawson s'intéresse de près au mouvement non violent pour les droits civiques qui se développe aux États-Unis. Il a notamment suivi le boycott des bus de Montgomery. Pendant ce boycott, les militants des droits civiques et leurs partisans organisent une protestation massive et non violente contre le système de bus de Montgomery, en Alabama, en raison du traitement injuste qu'il réserve aux Noirs. Lawson est rentré aux États-Unis en 1956. Il a ensuite poursuivi ses études à l'école de théologie du collège Oberlin, dans l'Ohio.

Lawson rencontre Martin Luther King, Jr, en 1957. Ce dernier lui propose de s'installer dans le Sud et d'enseigner les stratégies de non-violence aux membres du mouvement des droits civiques. Lawson s'installe alors à Nashville, dans le Tennessee. Il y travaille pour le FOR et s'inscrit à l'université Vanderbilt. Il commence à enseigner des ateliers sur la non-violence aux membres de la communauté et aux étudiants.

En février 1960, Lawson et d'autres militants ont organisé le premier sit-in aux comptoirs de déjeuner ségrégués à Nashville. Au cours de ces sit-in, les Afro-Américains s'asseyaient pacifiquement aux comptoirs-repas désignés comme "réservés aux Blancs", même si le personnel refusait de les servir. Les dirigeants de la ville de Nashville ont finalement accepté de déségréger certains comptoirs après l'arrestation de plus de 150 manifestants. Les Afro-Américains ont commencé à organiser des sit-in dans tout le Sud. En mars, les responsables de Vanderbilt expulsent

Lawson en raison de sa participation au mouvement de déségrégation de Nashville. Plus tard dans l'année, il obtient une licence en théologie sacrée à l'université de Boston.

En avril 1960, les leaders des sit-ins et d'autres militants des droits civiques se sont réunis à Raleigh, en Caroline du Nord, et ont fondé le SNCC interracial. Lawson est co-auteur de la déclaration d'intention, qui établit la philosophie non-violente et religieuse du groupe.

Lawson a participé au SNCC jusqu'en 1964 et a été membre de la Southern Christian Leadership Conference (SCLC) de 1960 à 1967. La SCLC aidait les organisations luttant pour l'égalité des Afro-Américains. Les historiens reconnaissent que Lawson est le principal enseignant des principes de la non-violence pour les membres du SNCC et de la SCLC.

En 1973, Lawson devient membre du conseil d'administration de la SCLC. Il a été président de la section de Los Angeles, en Californie, de 1979 à 1993. Il a également été pasteur de la Holman Methodist Church de Los Angeles de 1974 à 1999. Même après sa retraite en tant que pasteur, Lawson a continué à être actif dans le mouvement de la non-violence.

En 2011, l'International Center on Nonviolent Conflict (ICNC) a créé un prix en l'honneur de James Lawson. Chaque année, l'organisation décerne le James Lawson Award for Achievement in the Practice, Study, or Reporting of Nonviolent Conflict. L'ICNC a également créé le James Lawson Institute en 2013. Il s'agit d'un événement annuel de plusieurs jours qui accueille des ateliers et des séminaires de présentateurs, dont Lawson, sur la résistance non violente. En 2018, l'université Vanderbilt a créé une bourse d'études en son honneur. L'année suivante, Lawson a été intronisé au California Hall of Fame.

Points forts

- James Lawson, pasteur américain et militant des droits civiques, a contribué à la fondation du Student Nonviolent Coordinating Committee (SNCC), une organisation qui a joué un rôle clé dans le mouvement des droits civiques des années 1960.
- Lawson a co-rédigé la déclaration d'intention, qui établissait la philosophie non-violente et religieuse du groupe.

- Les historiens reconnaissent que Lawson est le principal enseignant des principes de la non-violence pour les membres du SNCC et du SCLC.

Questions de recherche

1. Que pensez-vous de la façon dont les personnes puissantes (ou les groupes historiquement supérieurs) peuvent quand même faire des erreurs et être des leaders forts ? '
2. Comment le sit-in a-t-il été lancé et organisé ?

Kwame Nkrumah (1909-1972)
Premier Premier ministre et Président du Ghana

"Je ne suis pas africain parce que je suis né en Afrique mais parce que l'Afrique est née en moi."

Kwame Nkrumah est l'un des leaders les plus remarquables de la lutte africaine contre le colonialisme dans les années 1950. Il est devenu le premier président du Ghana indépendant et a ensuite instauré une dictature à parti unique.

Nkrumah est né à Nkroful, Gold Coast, en septembre 1909. Il est diplômé de l'Achimota College en 1930 et a enseigné dans des écoles catholiques romaines et dans un séminaire. Son intérêt pour la religion a été détourné par la politique du nationalisme africain vers 1934. Il se rend aux États-Unis en 1935 et étudie à l'université Lincoln en Pennsylvanie.

Après avoir obtenu son diplôme en 1939, Nkrumah a obtenu une maîtrise à Lincoln et à l'Université de Pennsylvanie. Politiquement, Nkrumah était un marxiste-socialiste. Après avoir étudié à la London School of Economics, Nkrumah est rentré au pays en 1947 et est devenu porte-parole de la Convention unie de la Côte-de-l'Or pour œuvrer en faveur de l'autonomie. En 1950, il a lancé un programme de non coopération non violente contre la domination britannique.

En 1951, Nkrumah est élu au Parlement, et en 1952, il devient premier ministre. Lorsque la Gold Coast et le Togoland britannique deviennent indépendants en tant que nation du Ghana en 1957, son parti contrôle le corps législatif.

En 1960, Kwame Nkrumah est nommé président et en 1964, il devient président à vie. Son règne, qui a duré jusqu'à ce qu'un coup d'État militaire l'évince le 24 février 1966, était autoritaire, et ses politiques économiques ont été un échec total. Nkrumah s'exile en Guinée et meurt à Bucarest, en Roumanie, le 27 avril 1972.

Points forts

- Kwame Nkrumah était un leader nationaliste ghanéen qui a mené la lutte de la Gold Coast pour son indépendance vis-à-vis de la Grande-Bretagne et a présidé à son émergence en tant que nouvelle nation du Ghana.
- Il a dirigé le pays de l'indépendance en 1957 jusqu'à ce qu'il soit renversé par un coup d'État en 1966.
- Son administration s'est engagée dans des projets de développement magnifiques mais souvent ruineux, de sorte qu'un pays autrefois prospère s'est retrouvé criblé de dettes étrangères.

Questions de recherche

1. Quelles sont les choses qui étaient populaires et qui ont eu du succès au Ghana à l'époque où Kwame Nkrumah était président ?
2. Quel était son principal objectif au Ghana ?

3. Pourquoi est-il considéré comme un héros par beaucoup en Afrique aujourd'hui ?

Bayard Rustin (1912-1987)

Militant américain des **droits civiques**

"Avoir peur, c'est se comporter comme si la vérité n'était pas vraie..."

Bayard Rustin, militant américain des droits civiques, a joué un rôle actif dans la lutte pour l'égalité raciale. Il était en désaccord avec la ségrégation raciale et croyait en l'agitation pacifiste. Rustin était l'organisateur principal de la Marche sur Washington de 1963, une manifestation massive visant à rallier le soutien à la législation sur les droits civiques qui était en attente au Congrès.

Rustin est né le 17 mars 1910 à West Chester, en Pennsylvanie. Après avoir terminé ses études secondaires, il a exercé des petits boulots et a beaucoup voyagé. Pendant cette période, il a également suivi cinq années d'enseignement universitaire au City College of New York (à New York) et dans d'autres institutions, mais Rustin n'a jamais obtenu de diplôme. De 1941 à 1953, il travaille pour le Fellowship of Reconciliation, une organisation religieuse non confessionnelle. Simultanément, en 1941, Rustin organise la branche new-yorkaise d'un autre groupe réformiste, le Congress on Racial Equality.

Dans les années 1950, Rustin devient un proche conseiller du leader des droits civiques Martin Luther King, Jr. et il est le principal organisateur de la Southern Christian Leadership Conference de King. En août 1963, Rustin a participé à l'organisation de la Marche sur Washington, qui a rassemblé un groupe interracial de plus de 200 000 personnes pour exiger une justice égale pour tous les citoyens en vertu de la loi.

En 1964, Rustin a dirigé un boycott étudiant d'une journée des écoles publiques de la ville de New York pour protester contre les déséquilibres raciaux dans ce système. Il a ensuite été président de l'Institut A. Philip Randolph, une organisation de défense des droits civiques à New York, de 1966 à 1979. Rustin est décédé le 24 août 1987 à New York. En 2013, il a reçu à titre posthume la médaille présidentielle de la liberté.

Points forts

- Bayard Rustin était un militant américain des droits civiques, conseiller de Martin Luther King, Jr, et principal organisateur de la Marche sur Washington en 1963.
- Il a travaillé pour le Fellowship of Reconciliation, une organisation religieuse non confessionnelle, de 1941 à 1953, et a organisé la branche new-yorkaise d'un autre groupe réformiste, le Congress on Racial Equality, en 1941.
- En 1953, Rustin, qui était homosexuel, a été arrêté en Californie après avoir été découvert en train d'avoir des relations sexuelles avec un homme. Il a passé 50 jours en prison et a été enregistré comme délinquant sexuel.
- En 2020, Rustin a été gracié pour sa condamnation de 1953.

Questions de recherche

1. Que ressentez-vous en apprenant que quelqu'un qui a eu une telle influence sur tant d'aspects de votre vie a peut-être été largement oublié par les livres d'histoire ?
2. Il y a tellement de tension entre les stratégies de non-violence de Bayard et la résistance de Malcolm X par la confrontation physique... Qui, selon vous, a été le plus efficace pour faire passer son message ?
3. Quels autres types de nouvelles coalitions pensez-vous que nous ayons besoin pour que les gens de différentes communautés/industries travaillent ensemble pour le changement social aujourd'hui ?

Steve Biko (1946-1977)
Leader politique sud-africain

"Soit vous êtes vivant et fier, soit vous êtes mort, et quand vous êtes mort, vous ne pouvez pas vous en soucier de toute façon."

Militant des droits civiques dans les années 1960 et 1970, le Sud-Africain Steve Biko est considéré comme le père de la conscience noire, une philosophie qu'il décrivait comme "l'autonomie psychologique des Noirs". Il a redéfini le mouvement sud-africain des droits civiques en encourageant les Noirs à prendre conscience de leur valeur intrinsèque et de leur dignité humaine. Steve Biko s'est fait connaître dans tout le pays pour ses appels éloquents et passionnés en faveur de l'autonomie politique et culturelle des Noirs en Afrique du Sud.

Le bantou Stephen ("Steve") Biko est né le 18 décembre 1946 à King William's Town, en Afrique du Sud. Son père est décédé lorsqu'il avait 4 ans. Biko a commencé à lutter contre l'apartheid, le système sud-africain de ségrégation et de discrimination raciales, dès son plus jeune âge. Après avoir été renvoyé de la Lovedale High School pour ses activités politiques, il a fréquenté le Saint Francis College.

Steve Biko a obtenu son diplôme en 1966. Biko s'inscrit ensuite à l'école de médecine de l'université de Natal. Il s'est toutefois engagé de plus en plus dans la politique et n'a jamais terminé son diplôme de médecine.

Pendant ses années d'université, Biko est un membre actif de la National Union of South African Students (NUSAS), mais il rompt avec cette organisation libérale dirigée par les Blancs en 1968. Selon lui, l'objectif des dirigeants blancs d'obtenir l'admission des Noirs dans les institutions blanches placerait toujours les Noirs dans une position d'infériorité.

Steve Biko pensait que la société sud-africaine devait être complètement restructurée autour des cultures et des intérêts de la majorité, et non simplement réformée pour permettre la participation des Noirs.

Après son départ de la NUSAS, Biko a formé la South African Students' Organization (SASO). Ce groupe a organisé les étudiants autour de la philosophie de la conscience noire. Il identifie deux niveaux d'oppression de l'apartheid : les forces externes qui soumettent les Noirs à l'injustice économique et sociale, et l'intériorisation de la sujétion, qui amène les Noirs à se sentir et à agir en infériorité par rapport aux Blancs. Biko a été élu premier président de la SASO en 1969. En 1972, il a contribué à la fondation d'un autre groupe militant, la Black Peoples Convention (BPC).

En mars 1973, Biko et sept autres dirigeants de la SASO ont été interdits - interdiction de voyager, de parler en public, d'écrire pour une publication ou de rencontrer plus d'un membre non familial à la fois. Biko a cependant continué à écrire des articles et à prononcer des discours, et a fondé la branche du Cap oriental du BPC alors qu'il était sous le coup de l'interdiction.

Biko a été inculpé à de nombreuses reprises en vertu de la législation sur la sécurité, mais il n'a jamais été condamné. En 1976, il a été emprisonné pendant 101 jours et a été libéré sans être inculpé. Le 18 août 1977, Biko a de nouveau été arrêté. Moins de quatre semaines plus tard, le 11 septembre, Biko est retrouvé nu, enchaîné et sans pièce d'identité, à l'extérieur d'un hôpital de Pretoria, à quelque 1 100 kilomètres de Port Elizabeth. Il est mort en détention le jour suivant d'une hémorragie cérébrale massive.

Au cours de l'enquête initiale sur la mort de Biko, la police a nié tout mauvais traitement à son égard. Elle a insisté sur le fait que Biko, lors de son arrestation, était entré dans une colère noire et s'était infligé lui-même les blessures en projetant son corps contre un mur. Bien que la police ait tenté de cacher le corps de Biko, sa femme, Nontsikelelo Mashalaba, l'a découvert. Des photographies du corps ont révélé qu'il avait très probablement été sévèrement battu pendant sa détention. À l'époque, les officiers qui avaient accès à Biko ont été innocentés de tout acte répréhensible.

En janvier 1997, un nouvel éclairage a été apporté sur la mort de Steve Biko lorsque cinq anciens officiers de police ont avoué l'avoir assassiné. Les aveux ont été faits à la Commission sud-africaine pour la vérité et la réconciliation, qui a offert au groupe une amnistie politique en échange de la fourniture de preuves d'autres crimes commis pendant la période de ségrégation raciale. Les représentants de la commission, qui a été chargée de mener des enquêtes sur les crimes commis à l'époque de l'apartheid, ont refusé de révéler l'identité ou le nombre exact des policiers mis en examen.

En 1999, la commission a décidé que l'amnistie ne serait pas accordée. La vie et la mort de Steve Biko ont été décrites de manière éloquente dans le livre Biko de 1977, un mémoire écrit par l'ami de Biko, le journaliste sud-africain Donald Woods. Le livre a ensuite été adapté dans le film Cry Freedom (1987).

Points forts

- Steve Biko, en bantou intégral Stephen Biko était le fondateur du mouvement de la Conscience noire en Afrique du Sud.
- La police a d'abord nié tout mauvais traitement infligé à Biko ; il a été établi par la suite qu'il avait probablement été sévèrement battu pendant sa garde à vue, mais les agents impliqués ont été innocentés.

- Sa mort des suites de blessures subies lors de sa garde à vue a fait de lui un martyr international du nationalisme noir sud-africain.

Questions de recherche

---

1. Quels sont les faits intéressants sur Steve Biko que la plupart des gens ne connaissent pas ?
2. Biko a-t-il accompli ses objectifs et ses rêves ? Si oui, comment l'a-t-il fait ?
3. Si Steve Biko était vivant aujourd'hui, que lui demanderiez-vous ?

Nelson Mandela (1918-2013)
Président de l'Afrique du Sud

"Ne me jugez pas par mon succès, jugez-moi par le nombre de fois où je suis tombé et me suis relevé."

En janvier 1990, Nelson Mandela purgeait sa 27e année de détention en tant que prisonnier politique en Afrique du Sud. Il a été libéré le mois suivant, et en avril 1994, il a été élu président du pays. Mandela était un leader de la lutte contre l'apartheid, le système officiel sud-africain de ségrégation et de discrimination à l'égard de la majorité non blanche du pays.

Nelson Mandela est devenu un symbole mondial de la victoire contre ce système lorsqu'il a été libéré de sa peine de prison à vie. Mandela a été président de l'Afrique du Sud de 1994 à 1999.

Nelson Mandela est né dans la famille royale des Tembu, un peuple de langue xhosa, le 18 juillet 1918, près d'Umtata, dans la région du Transkei en Afrique du Sud. Il s'appelait à l'origine Rolihlahla Mandela ; un de ses professeurs d'école lui a donné le nom anglais de Nelson. En partie pour éviter un mariage arrangé, Mandela a renoncé à son droit de devenir chef des Tembu et a quitté son village.

Mandela étudie au Collège universitaire de Fort Hare mais est suspendu en 1940 avec Oliver Tambo pour avoir participé à une manifestation étudiante. Il obtient une licence à l'université d'Afrique du Sud en 1941 et commence à étudier le droit. En 1952, il ouvre avec Tambo le premier cabinet d'avocats appartenant à des Noirs en Afrique du Sud.

En 1944, Mandela rejoint une organisation de libération des Noirs, le Congrès national africain (ANC), et participe à la fondation de son influente Ligue de la jeunesse. Mandela accède rapidement à un poste de direction au sein de l'ANC, devenant membre de son comité exécutif national en 1949.

La première peine de prison de Nelson Mandela, qui a été suspendue, lui a été infligée pour avoir aidé à diriger la campagne de défiance de l'ANC en 1952, au cours de laquelle des milliers de volontaires ont violé pacifiquement les lois de l'apartheid. Avec de nombreux autres dirigeants de l'ANC, Mandela a été arrêté et jugé pour trahison en 1956. Après un long procès, il est acquitté en 1961. Mandela a divorcé de sa première femme et a épousé Nomzamo Winnie Madikizela (Winnie Mandela) en 1958 (ils ont divorcé en 1996).

Les manifestations anti-apartheid de l'ANC avaient d'abord été totalement non violentes. En 1960, cependant, après que la police a abattu plus de 200 manifestants noirs non armés à Sharpeville et que le gouvernement a interdit l'ANC, Mandela a commencé à préconiser des actes de sabotage. Il participe à la fondation d'une aile militaire de l'ANC, appelée Umkhonto we Sizwe (Lance de la nation), et devient un fugitif.

En 1962, Nelson Mandela est arrêté et condamné à cinq ans de prison. Un an plus tard, alors qu'il purge encore cette peine, il est jugé pour sabotage, trahison et complot violent, et en 1964, il est condamné à la prison à vie. Mandela a été détenu à la prison de Robben Island, près du

Cap, jusqu'en 1982, date à laquelle il a été transféré à la prison de sécurité maximale de Pollsmoor. Winnie Mandela a mené une campagne en faveur de sa libération, qui a bénéficié d'un large soutien de la part de la population noire d'Afrique du Sud et de la communauté internationale qui a condamné l'apartheid. Mandela a été libéré le 11 février 1990 par l'administration du président F.W. de Klerk.

Une fois libéré, Mandela a poursuivi avec vigueur le travail visant à mettre fin à l'apartheid. Il devient le vice-président de l'ANC en mars 1990 et son président en juillet 1991. À ce poste, il négocie des accords historiques avec de Klerk pour transformer pacifiquement l'Afrique du Sud en une démocratie majoritaire. Mandela et de Klerk ont partagé le prix Nobel de la paix en 1993 pour leurs réalisations.

Comme des millions d'autres Sud-Africains noirs, Mandela a voté pour la première fois lors des élections qui l'ont porté au pouvoir en avril 1994. Pendant sa présidence, Mandela s'est attaché à améliorer le niveau de vie de la population noire du pays, tout en prônant une réconciliation pacifique avec la population blanche. En 1995, il a créé la Commission Vérité et Réconciliation (CVR) pour enquêter sur les violations des droits de l'homme commises pendant l'apartheid.

Mandela a promulgué une nouvelle constitution démocratique en 1996. L'année suivante, il démissionne de son poste au sein de l'ANC. Il s'est retiré de la politique active en 1999, à la fin de son mandat de président du pays. Mandela a épousé Graça Machel, la veuve de l'ancien président du Mozambique Samora Machel, en 1998.

Les écrits et les discours de Nelson Mandela ont été rassemblés dans No Easy Walk to Freedom (1965), I Am Prepared to Die, 4th rev. ed. (1979), et The Struggle Is My Life, 3rd ed. (1990). Son autobiographie, Long Walk to Freedom, a été publiée en 1994. Mandela est décédé le 5 décembre 2013 à Johannesburg, en Afrique du Sud.

Points forts

- Nelson Mandela, de son vrai nom Nelson Rolihlahla Mandela, surnommé Madiba, était un nationaliste noir et le premier président noir d'Afrique du Sud (1994-1999).

- En avril 1994, l'ANC dirigé par Mandela a remporté les premières élections au suffrage universel en Afrique du Sud et, le 10 mai, Mandela a prêté serment en tant que président du premier gouvernement multiethnique du pays.
- Le 11 février 1990, le gouvernement sud-africain du président de Klerk libère Mandela de prison.
- Mandela et de Klerk ont reçu conjointement le prix Nobel de la paix en 1993 pour leurs efforts.

Questions de recherche

1. Laquelle des qualités de Mandela vous a le plus inspiré ?
2. Que vous a fait ressentir la condamnation de Mandela à la prison ?
3. Comment a-t-il passé tout son temps en prison ?
4. Quelle est votre citation ou leçon de morale préférée de Nelson Mandela qui a résonné le plus profondément en vous et comment a-t-elle changé votre façon de vivre aujourd'hui ?

Ahmed Sekou Touré (1922-1984)

Premier président de la Guinée

"Nous préférons la pauvreté dans la liberté que la richesse dans l'esclavage."

Lorsque la Guinée est devenue le premier État africain francophone indépendant le 2 octobre 1958, son premier président était Ahmed Sékou Touré. Il est resté en fonction jusqu'à sa mort, le 26 mars 1984, lors d'une opération du cœur dans un hôpital de Cleveland (Ohio). Une semaine plus tard, la dictature qu'il avait instaurée a été renversée par un coup d'État militaire dirigé par le colonel Lansana Conté.

Touré est né à Faranah, en Guinée, le 9 janvier 1922. Déjà rebelle, il est renvoyé de l'école à Conakry en 1936 pour avoir mené une émeute de la faim. En 1941, il travaille pour les services postaux, où il s'intéresse de près au mouvement ouvrier. Il a organisé la première grève ouvrière réussie en Afrique occidentale française.

Il est devenu actif en politique en 1946. En 1951, Touré est élu à l'Assemblée nationale, mais n'est pas autorisé à entrer en fonction et est également exclu après sa réélection en 1954. Il est autorisé à prendre ses fonctions en 1956 et, en 1957, il est vice-président du Conseil exécutif de Guinée. À ce poste, il a mené avec succès la campagne pour l'indépendance de la France.

Après le départ des Français, la Guinée est menacée d'effondrement économique. Touré accepte l'aide des pays du bloc soviétique et de l'Occident. Modéré en matière de politique étrangère, il adopte des politiques sévères à l'intérieur du pays et limite sévèrement les forces d'opposition dans le pays. Il a été réélu à plusieurs reprises sans opposition.

Malgré sa politique intérieure sévère, Ahmed Sékou Touré était considéré dans la politique internationale comme un dirigeant islamique modéré. En 1982, Touré dirige la délégation envoyée par l'Organisation de la conférence islamique pour servir de médiateur dans la guerre Iran-Irak ; il est également membre de l'Organisation de l'unité africaine (OUA). Touré est décédé le 26 mars 1984 à Cleveland, dans l'Ohio.

Points forts

- Sékou Touré, de son vrai nom Ahmed Sékou Touré, a été le premier président de la République de Guinée (1958-1984) et un homme politique africain de premier plan.
- Malgré sa politique intérieure sévère, Touré était considéré dans la politique internationale comme un leader islamique modéré.
- En 1982, il a dirigé la délégation envoyée par l'Organisation de la Conférence Islāmic pour servir de médiateur dans la guerre Iran-Irak ; il a également été membre de l'Organisation de l'Unité Africaine (OUA).

Questions de recherche

1. Comment Ahmed Sekou Touré vous inspire-t-il ?
2. Qu'a-t-il fait pour aider à créer une Guinée indépendante ?
3. Que pensez-vous du pays de la Guinée ?

Kofi Annan (1938-2018)
Secrétaire général des Nations unies

"L'éducation est un droit humain doté d'un immense pouvoir de transformation. Sur son fondement reposent les pierres angulaires de la liberté, de la démocratie et du développement humain durable."

Le premier Africain noir à occuper le poste de secrétaire général des Nations unies (ONU) fut Kofi Annan. Ce diplomate de carrière parlait plusieurs langues africaines, l'anglais et le français et était très respecté dans la communauté internationale. Il a reçu le prix Nobel de la paix en 2001.

Kofi Atta Annan est né à Kumasi, en Gold Coast (aujourd'hui Ghana), le 8 avril 1938, de Henry et Victoria Annan. Sa famille était originaire de la côte du Cap, sur l'océan Atlantique, mais M. Annan a passé la majeure partie de son enfance dans la ville de Bekwai, à l'intérieur des terres. Son père était le gouverneur élu de la province Ashanti et était un chef du peuple Fante.

Le plus jeune Annan a étudié à l'Université des sciences et de la technologie de Kumasi et a obtenu une bourse de la Fondation Ford qui lui a permis d'étudier aux États-Unis, au Macalester College dans le Minnesota. Alors qu'il y étudie l'économie, en 1960, Kofi Annan remporte le concours oratoire de l'État du Minnesota. Il a obtenu un certificat de troisième cycle en économie à l'Institut des hautes études internationales de Genève, en Suisse.

De 1962 à 1971, Annan a travaillé pour l'ONU en tant que responsable de l'administration et du budget de l'Organisation mondiale de la santé à Genève. Il a obtenu une maîtrise en gestion au Massachusetts Institute of Technology en 1972, où il était titulaire d'une bourse Alfred P. Sloan. De 1974 à 1976, Annan a été directeur général de la Ghana Tourist Development Company. Ce sont les seules années qu'il passe loin des Nations unies.

Au cours de sa carrière, M. Annan a occupé des postes aussi divers que ceux de secrétaire général adjoint chargé de la planification des programmes, du budget et des finances, de chef des ressources humaines et de coordinateur de la sécurité, de directeur du budget, de chef du personnel du Haut Commissariat pour les réfugiés et d'agent administratif de la Commission économique pour l'Afrique.

Lorsque l'Irak a envahi le Koweït en 1990, M. Annan a été chargé de faire sortir des centaines de milliers de travailleurs asiatiques du Koweït. Il a été chargé des opérations de maintien de la paix de l'ONU en tant que sous-secrétaire à partir de mars 1993. Il a également été représentant spécial de l'ONU en ex-Yougoslavie. Kofi Annan a été largement salué pour sa diplomatie dans la mise en œuvre de l'accord entre les Serbes, les Musulmans et les Croates de Bosnie. Kofi Annan a également dirigé des opérations de maintien de la paix au Burundi, en Somalie et au Zaïre (aujourd'hui République démocratique du Congo).

Après près de quatre décennies de service aux Nations unies, M. Annan a été nommé à la tête de l'organisation, marquant ainsi la première fois qu'un secrétaire général était élu parmi les membres du personnel de l'ONU. Il a succédé à Boutros Boutros-Ghali en décembre 1996 en tant que septième secrétaire général permanent de l'ONU, après une période de nomination controversée au cours de laquelle les États-Unis ont été le seul pays membre à se positionner contre la réélection de Boutros-Ghali.

Kofi Annan a rapidement obtenu le soutien du Conseil de sécurité après que trois autres candidats africains envisagés aient retiré leur nom de la liste des candidats dans l'espoir de créer un consensus pour un secrétaire général originaire d'Afrique. Annan a été élu par acclamation et s'est immédiatement attelé à l'élaboration d'un plan de réforme qui devait être mis en place en 1997.

La vision d'Annan pour l'ONU comprenait le maintien de la paix et l'établissement de normes pour le droit international, en mettant l'accent sur les valeurs d'égalité, de tolérance et de dignité humaine mandatées par la charte de l'ONU. Il a apporté un engagement profond en faveur d'une ONU plus efficace et plus légère, ainsi qu'un plaidoyer inflexible en faveur des droits de l'homme universels. L'un de ses premiers défis en tant que secrétaire général a été de convaincre les États-Unis de commencer à payer les 1,4 milliard de dollars d'arriérés que le pays leur doit. M. Annan considérait la lutte contre le VIH/sida comme une priorité personnelle, et il a demandé la création d'un fonds mondial pour aider à accroître les flux financiers destinés aux soins de santé dans les pays en développement.

Annan a usé de son influence dans plusieurs situations politiques. Parmi celles-ci, citons ses efforts pour convaincre l'Irak de se conformer aux décisions du Conseil de sécurité et son rôle dans la transition vers un régime civil au Nigeria. En 1999, Annan a facilité une réponse internationale à la violence généralisée au Timor oriental. Non content de se concentrer uniquement sur les droits des citoyens du monde entier, Annan a également essayé d'améliorer la position des femmes qui travaillaient au Secrétariat de l'ONU, et il a commencé à établir des relations plus solides avec les organisations non gouvernementales.

En juin 2001, Kofi Annan a été reconduit à l'unanimité pour un second mandat de secrétaire général. La même année, le comité Nobel a décerné le prix Nobel de la paix conjointement à M. Annan et aux Nations unies, à l'occasion du 100e anniversaire de cette vénérable récompense.

En 2005, Annan a été au centre d'une controverse suite à une enquête sur le programme "pétrole contre nourriture". Ce programme avait permis à l'Irak - sous la supervision de l'ONU - de vendre une quantité déterminée de pétrole afin d'acheter de la nourriture, des médicaments et d'autres produits de première nécessité. Un rapport a décrit une corruption majeure au sein du programme et a révélé que le fils d'Annan faisait partie d'une entreprise suisse qui avait remporté un contrat "pétrole contre nourriture". Bien qu'Annan ait été innocenté, il a été critiqué pour son incapacité à superviser correctement le programme. Le deuxième mandat de Kofi Annan à la tête des Nations unies a pris fin en 2006.

En 2007, Kofi Annan a été nommé président de l'Alliance pour une révolution verte en Afrique, une organisation qui aide les petits agriculteurs. La même année, il a fondé la Fondation Kofi Annan, une organisation à but non lucratif qui promeut la paix, le développement durable, les droits de l'homme et l'État de droit.

Kofi Annan a continué à jouer un rôle dans la diplomatie internationale. Il a contribué à résoudre la crise électorale kényane qui a débuté fin 2007, et a finalement négocié un accord de partage du pouvoir entre le gouvernement et l'opposition en février 2008. En 2012, M. Annan a été envoyé spécial conjoint pour la Syrie, qui était en proie à la guerre civile, mais il n'a pas été en mesure de résoudre le conflit.

Kofi Annan est coauteur d'un certain nombre d'ouvrages. Son mémoire intitulé Interventions : A Life in War and Peace (coécrit avec Nader Mousavizadeh) a été publié en 2012. Annan est décédé le 18 août 2018, à Berne, en Suisse.

Points forts

- Kofi Annan, de son vrai nom Kofi Atta Annan, est un fonctionnaire international ghanéen, qui a été secrétaire général des Nations unies (ONU) de 1997 à 2006.
- Il a joué un rôle crucial dans la résolution de la crise électorale kenyane qui a débuté fin décembre 2007, en négociant finalement un accord de partage du pouvoir entre le gouvernement et l'opposition le 28 février 2008.

- En 2007, il a fondé la Fondation Kofi Annan, une organisation à but non lucratif qui promeut la paix, le développement durable, les droits de l'homme et l'État de droit.
- En février 2012, M. Annan a été nommé envoyé spécial conjoint pour la Syrie par les Nations unies et la Ligue des États arabes.

Questions de recherche

---

1. Qu'avez-vous appris sur Kofi ?
2. Pensez-vous qu'il ait jamais douté de lui-même en faisant ce travail ?
3. Comment le fait d'avoir été influencé par le travail de son père dans la politique ghanéenne a-t-il influencé sa vision de la vie et les décisions de carrière qu'il a prises plus tard dans sa vie, comme devenir Secrétaire général des Nations unies ou s'opposer aux sanctions contre l'Irak ?

Albert John Luthuli (1898-1967)

Enseignant, activiste, lauréat du prix Nobel de la paix et homme politique sud-africain.

"Vous devez apprendre les règles du jeu. Et ensuite vous devez jouer mieux que n'importe qui d'autre."

Pour ses efforts dans la lutte non violente contre la discrimination raciale en Afrique du Sud, Albert Luthuli est devenu en 1960 le premier Africain à recevoir le prix Nobel de la paix. Ironiquement, la politique de non-violence a été abandonnée par certains Sud-Africains dans le mois qui a suivi l'acceptation du prix en 1961.

Albert John Mvumbi Luthuli, membre de la tribu zouloue du Natal, est né en 1898 en Rhodésie (aujourd'hui Zimbabwe), où son père travaillait comme interprète missionnaire. À l'âge de 10 ans, Albert a déménagé en Afrique du Sud après la mort de son père et a appris les traditions zouloues.

Albert Luthuli a fait ses études dans une école normale près de Durban. Après avoir obtenu son diplôme, il est devenu l'un des trois premiers instructeurs africains de l'école. En 1936, Luthuli a quitté l'enseignement lorsqu'il a été élu chef de la communauté zouloue de Groutville. Bien qu'il dirige un pays en proie à la pauvreté et à la faim, il n'est pas encore conscient de la nécessité d'une action politique pour résoudre les problèmes de son peuple.

Ce n'est qu'en 1945 que Luthuli a rejoint une organisation politique active, le Congrès national africain. Un an plus tard, Luthuli est élu au Conseil représentatif des indigènes. La violence de l'armée et de la police à l'encontre des mineurs africains en grève a suscité sa première protestation politique. En 1948, le parti nationaliste afrikaner arrive au pouvoir, déterminé à appliquer une politique d'apartheid, ou de séparation raciale.

À cette époque, Luthuli est élu président du Congrès national africain du Natal. En raison de son opposition à la ségrégation, on lui demande de démissionner de son poste ou de quitter sa position de chef zoulou. Il refuse et est destitué de son poste de chef en 1952, l'année même où il devient président général de l'African National Congress.

En raison de son activisme, Albert Luthuli et de nombreuses autres personnes ont été arrêtées et jugées pour trahison en 1956. Luthuli n'est pas condamné, mais le gouvernement interdit ses activités et le confine dans son quartier. Après avoir reçu le prix Nobel, il s'est retiré de la vie politique et a vécu dans un isolement forcé. Albert Luthuli est mort lorsqu'il a été heurté par un train le 21 juillet 1967.

Points forts

- Albert John Luthuli a été le premier Africain à recevoir le prix Nobel de la paix (1960), en reconnaissance de sa lutte non violente contre la discrimination raciale.
- En décembre 1956, Luthuli et 155 autres personnes ont été dramatiquement raflés et accusés de haute trahison.
- Son long procès n'a pas permis de prouver la trahison, une conspiration communiste ou la violence, et il a été libéré en 1957.

Questions de recherche

---

1. Quelle est, selon vous, la plus grande réussite de M. Luthuli ?
2. Quelle est votre citation préférée de la conférence d'Albert Luthuli ?
3. Pourquoi pensez-vous qu'il croyait si fort en la justice pour tous, noirs ou blancs ?

Martin Luther King Jr. (1929-1968)

Leader religieux américain et militant des droits civiques

"Un jour, nous apprendrons que le cœur ne peut jamais être totalement juste quand la tête est totalement fausse."

Martin Luther King, Jr, était un pasteur baptiste américain et un activiste social. Inspiré par la conviction que l'amour et la protestation pacifique pouvaient éliminer l'injustice sociale, il a dirigé le mouvement américain des droits civiques dans les années 1950 et 1960. King a organisé des manifestations de masse contre la discrimination raciale et s'est élevé contre la pauvreté et la guerre. Champion de la résistance non violente à l'oppression, Martin Luther King Jr. a reçu le prix Nobel de la paix en 1964.

Le leadership de Martin Luther King a été un facteur clé dans le succès du mouvement des droits civiques. Avant le mouvement, il était légal et courant pour les Afro-Américains du Sud et d'autres régions des États-Unis de se voir interdire l'utilisation des mêmes installations publiques que les Blancs. Les Noirs de ces régions ne pouvaient généralement pas fréquenter les mêmes écoles, restaurants ou toilettes publiques que les Blancs, par exemple. Dans les bus et les trains, ils ne pouvaient voyager que dans certaines sections.

Martin Luther King, Jr. a mené de nombreuses protestations contre cette séparation raciale forcée, ou ségrégation. L'une des principales réalisations du mouvement des droits civiques a été de rendre la ségrégation illégale. L'adoption de nouvelles lois interdisant la discrimination en est une autre.

Martin Luther King, Jr, est né à Atlanta, en Géorgie, le 15 janvier 1929. Son père, Martin Sr, était le pasteur de l'église baptiste Ebenezer, une congrégation noire. Sa mère, Alberta Williams King, était institutrice. Martin avait une sœur aînée, Christine, et un frère cadet, Alfred Daniel.

King est confronté au racisme dès son plus jeune âge. À six ans, son amitié avec deux camarades de jeu blancs est interrompue par leurs parents. King n'a jamais oublié cet incident.

Élève brillant, King est admis au Morehouse College à l'âge de 15 ans, sans avoir terminé ses études secondaires. Avant de commencer l'université, cependant, King passe l'été dans une ferme de tabac dans le Connecticut. Il est choqué par le mélange pacifique des races dans le Nord.

Martin Luther King Jr. écrit à ses parents pour leur raconter comment les Noirs et les Blancs fréquentent les mêmes églises et restaurants, notant : "Je n'ai jamais [pensé] qu'une personne de ma race pouvait manger n'importe où." Cette expérience a renforcé la haine croissante de King pour la ségrégation raciale.

King décide de devenir pasteur et, à 18 ans, il est ordonné dans l'église de son père. Après avoir obtenu son diplôme de Morehouse en 1948, il entre au séminaire théologique de Crozer à Chester, en Pennsylvanie. Réputé pour ses talents d'orateur, King est élu président du corps étudiant de Crozer, qui est composé presque exclusivement d'étudiants blancs.

King est le major de sa promotion en 1951 et obtient une bourse d'études supérieures. À l'université de Boston, il obtient un doctorat en théologie en 1955. À Boston, King rencontre Coretta Scott. Ils se marient en 1953 et ont quatre enfants : Yolanda Denise, Martin Luther III, Dexter Scott et Bernice Albertine.

King avait été impressionné par les enseignements de Henry David Thoreau et du Mahatma Gandhi sur la résistance non violente. King écrit : "J'en suis venu à penser que c'était la seule méthode moralement et pratiquement valable dont disposaient les personnes opprimées dans leur lutte pour la liberté." Martin Luther King, Jr. devient pasteur de l'église baptiste de Dexter Avenue à Montgomery, en Alabama, en 1954.

En décembre 1955, King est choisi pour diriger la Montgomery Improvement Association, formée par la communauté noire pour mener un boycott des bus ségrégués de la ville. Le boycott est né du refus d'une femme noire, Rosa Parks, de céder sa place à un homme blanc. Cette action était contraire à la loi locale et Parks a été arrêtée.

En réponse, Martin Luther King, Jr. a mené le boycott des bus de Montgomery. Pendant ce boycott, les gens ont protesté contre la ségrégation en refusant de prendre les bus de la ville. La campagne a duré plus d'un an. Pendant cette période, le domicile de King est bombardé. Néanmoins, il persuade ses partisans de rester non violents malgré les menaces qui pèsent sur leur vie et leurs biens. À la fin de 1956, la Cour suprême des États-Unis décide que la ségrégation dans les bus est inconstitutionnelle. En conséquence, les bus sont déségrégués.

Le succès de Montgomery inspire d'autres communautés afro-américaines du Sud à protester contre la discrimination raciale. King estime que le boycott prouve qu'"il existe un nouveau Noir dans le Sud, avec un nouveau sens de la dignité et de la destinée". Pour son rôle dans la direction du boycott, la National Association for the Advancement of Colored People (NAACP) lui a décerné la médaille Spingarn en 1957.

En 1957, King et d'autres activistes, notamment Bayard Rustin, créent un groupe connu plus tard sous le nom de Southern Christian Leadership Conference (SCLC). Ce groupe a été créé pour aider les organisations locales à mener des activités de défense des droits civiques dans le Sud. En tant que leader de la SCLC, King incite les Noirs du Sud à organiser des sit-in pacifiques et d'autres manifestations contre la ségrégation.

Une visite en Inde en 1959 donne à King l'occasion tant attendue d'étudier les techniques de protestation non violente de Gandhi. En 1960, King devient co-pasteur de l'église de son père à Atlanta. L'année suivante, il dirige une "armée non violente" pour protester contre la discrimination à Albany, en Géorgie.

Martin Luther King, Jr. a été emprisonné en 1963 au cours d'une campagne réussie visant à obtenir la déségrégation de nombreux établissements publics à Birmingham, en Alabama. Dans un appel émouvant, connu sous le nom de "Lettre de la prison de Birmingham", il répond à plusieurs ecclésiastiques blancs qui estiment que ses efforts sont malvenus. King fait valoir que les pays d'Asie et d'Afrique parviennent rapidement à l'indépendance politique, alors que "nous avançons toujours à pas de tortue vers l'obtention d'une tasse de café au comptoir d'un restaurant". Dans cette lettre, King expose sa philosophie de la non-violence :

Vous pouvez vous demander : "Pourquoi l'action directe ? Pourquoi des sit-in, des marches et ainsi de suite ? La négociation n'est-elle pas une meilleure voie ?" Vous avez tout à fait raison d'appeler à la négociation. En fait, c'est l'objectif même de l'action directe. L'action directe non-violente cherche à créer une telle crise et à favoriser une telle tension qu'une communauté qui a constamment refusé de négocier soit forcée d'affronter la question.

Vers la fin de la campagne de Birmingham, King se joint à d'autres leaders des droits civiques pour organiser l'historique Marche sur Washington. Plus de 200 000 personnes participent à cette manifestation, qui a lieu le 28 août 1963. Elles se sont rassemblées pacifiquement près du Lincoln Memorial, à Washington, D.C., pour exiger une justice égale pour tous les citoyens en vertu de la loi. D'éminents leaders des droits civiques prononcent des discours, le plus mémorable étant celui de King. Son discours désormais célèbre intitulé "I have a dream" (J'ai un rêve) remonte le moral de la foule.

Dans ce discours, il a exprimé sa foi dans le fait que tous les hommes, un jour, seraient frères. Il a lié les espoirs des Afro-Américains en matière d'égalité des droits aux valeurs politiques traditionnelles américaines. King a déclaré que la Déclaration d'indépendance et la Constitution constituaient "un billet à ordre" garantissant à tous les Américains "les droits inaliénables de la vie, de la liberté et de la poursuite du bonheur."

L'un des objectifs de la Marche sur Washington était de montrer et d'inspirer un soutien à la législation majeure sur les droits civils envisagée par le Congrès. Comme King l'avait espéré, la marche a eu un fort effet sur l'opinion nationale et a abouti à l'adoption de la loi sur les droits civils de 1964. Cette loi interdit de nombreux types de discrimination, notamment dans les installations publiques et dans l'emploi.

Plus tard, en 1964, Martin Luther King, Jr. est devenu le plus jeune lauréat du prix Nobel de la paix à cette date. Il le considérait non seulement comme un honneur personnel, mais aussi comme un hommage international au mouvement non violent pour les droits civiques.

En 1965, King dirige une campagne d'inscription des électeurs noirs à Selma, en Alabama. Cette campagne se heurte à une résistance violente. Pour protester contre ce traitement, des milliers de manifestants effectuent une marche de cinq jours de Selma au capitole de Montgomery.

King est déçu que les progrès des droits civiques dans le Sud ne se soient pas accompagnés d'améliorations dans la vie des Noirs du Nord. En réponse aux émeutes survenues en 1965 dans les quartiers urbains noirs frappés par la pauvreté, il est déterminé à attirer l'attention du pays sur les conditions de vie des Noirs dans les villes du Nord.

En 1966, Martin Luther King, Jr. a établi un quartier général dans un appartement du bidonville de Chicago, dans l'Illinois. De cette base, il organise des protestations contre la discrimination de la ville en matière de logement et d'emploi.

King a combiné ses campagnes en faveur des droits civiques avec une prise de position ferme contre la guerre du Viêt Nam. Il pensait que l'argent et les efforts consacrés à la guerre pouvaient être utilisés pour combattre la pauvreté et la discrimination. Il estime qu'il serait hypocrite de protester contre la violence raciale sans condamner également la violence de la guerre. Les leaders noirs militants ont commencé à attaquer ses appels à la non-violence. Ils l'accusent d'être trop influencé par les Blancs. Des représentants du gouvernement critiquent sa position sur le Viêt Nam. Certains dirigeants noirs estiment que les déclarations de King contre la guerre détournent l'attention du public des droits civils.

King a inspiré et planifié la Poor People's Campaign, une marche sur Washington, D.C., en 1968, pour mettre en scène la relation entre la pauvreté et la violence urbaine. Mais il n'a pas vécu assez longtemps pour y prendre part. Au début de l'année 1968, il s'est rendu à Memphis, dans le Tennessee, pour soutenir une grève d'ouvriers sanitaires mal payés. Là, le 4 avril, Martin Luther King Jr. est assassiné par un tireur d'élite, James Earl Ray. La mort de King choque le pays et précipite les émeutes des Noirs dans de nombreuses villes.

Martin Luther King, Jr. a été enterré à Atlanta sous un monument portant les derniers mots de son discours "I Have a Dream". Tirée d'une vieille chanson d'esclave, l'inscription disait : "Free at Last, / Free at Last, / Thank God Almighty, / I'm Free at Last".

La brève carrière de Martin Luther King a grandement fait avancer la cause des droits civils aux États-Unis. Ses efforts ont favorisé l'adoption de la loi sur les droits civils de 1964 et de la loi sur le droit de vote de 1965. Sa personnalité énergique et son éloquence persuasive ont contribué à unir de nombreux Noirs dans la recherche de solutions pacifiques à l'oppression raciale. Bien que le point de vue de King ait été contesté par des Noirs qui avaient perdu la foi en la non-violence, sa croyance dans le pouvoir de la protestation non violente est restée forte. Ses écrits comprennent Stride Toward Freedom : the Montgomery Story (1958) ; Strength to Love (1963) ; Why We Can't Wait (1964) ; et Where Do We Go from Here : Chaos ou communauté ? (1967).

En 1977, Martin Luther King a reçu à titre posthume la médaille présidentielle de la liberté pour sa lutte contre les préjugés. En 1983, le

Congrès américain a créé en son honneur un jour férié national, le Martin Luther King Jr. Day, qui sera célébré chaque année le troisième lundi de janvier. Ce jour férié a été observé pour la première fois en 1986. Un mémorial national en l'honneur de Martin Luther King a été inauguré à Washington, D.C., en 2011.

Points forts

- Martin Luther King, Jr, nom original Michael King, Jr, était un pasteur baptiste et un activiste social qui a dirigé le mouvement des droits civiques aux États-Unis du milieu des années 1950 jusqu'à sa mort par assassinat en 1968.
- Son leadership a été fondamental pour que ce mouvement réussisse à mettre fin à la ségrégation légale des Afro-Américains dans le Sud et dans d'autres régions des États-Unis.
- Reconnaissant que des militants de base tels que Rosa Parks, Fred Shuttlesworth et d'autres ont préparé la voie à l'ascension de King vers la proéminence nationale, les biographes et les historiens ont remis en question l'idée que les mouvements de protestation des Noirs du Sud s'appuyaient sur les conseils charismatiques de King.

Questions de recherche

1. As-tu déjà eu un jour de congé de l'école pour la fête de la Liberté ?
2. Quel est l'héritage de Martin Luther King Jr. aux États-Unis ?
3. Le rêve de MLK reste-t-il toujours inachevé ? (Même après les mouvements de défense des droits de l'homme)
4. Et les personnes qui ne l'ont pas accepté comme un héros, que pensez-vous d'elles ?
5. Comment ses paroles peuvent-elles être encore pertinentes dans la société d'aujourd'hui ?

James Farmer (1920-1999)
Leader des droits civiques

"Nous faisons ce que nous devons faire pour pouvoir faire ce que nous voulons".

James Farmer a dirigé le Congrès pour l'égalité raciale (CORE) et a lancé les sit-ins non violents et les Freedom Rides qui sont devenus les symboles du mouvement des droits civiques du début des années 1960. Ses efforts, ainsi que ceux d'autres personnes, ont conduit à l'adoption de la loi sur les droits civils et des lois sur le droit de vote de 1964 et 1965.

James Leonard Farmer est né le 12 janvier 1920 à Marshall, au Texas. Il a grandi à Holly Springs, dans le Mississippi, où son père, pasteur, enseignait la théologie au Rust College, un établissement réservé aux Noirs. Farmer a étudié au Wiley College au Texas et à l'université Howard à Washington, D.C. Influencé par les méthodes non violentes du leader indien Mahatma Gandhi, il a participé à la fondation du CORE en 1942.

Après que le Sud a ignoré la décision de 1946 de la Cour suprême des États-Unis déclarant que la ségrégation des sièges dans les bus inter-États était inconstitutionnelle, CORE a protesté en organisant la première Freedom Ride, dans laquelle Noirs et Blancs roulaient ensemble. En mai 1961, le CORE organise une autre Freedom Ride. Les cavaliers sont battus et attaqués par la foule. Ce n'est qu'après que le procureur général des États-Unis, Robert Kennedy, a ordonné aux fonctionnaires de l'État de fournir une protection que la Freedom Ride a pu se terminer, après quoi James Farmer a passé 40 jours dans les prisons du Mississippi.

Farmer a été directeur national du CORE de 1961 à 1966, après quoi il s'est présenté au Congrès des États-Unis dans la circonscription de Brooklyn, N.Y. Il a été secrétaire adjoint du ministère de la santé, de l'éducation et de la protection sociale, a écrit des livres sur le travail et les relations raciales et a enseigné dans plusieurs universités.

En 1998, le président Bill Clinton lui a décerné la médaille présidentielle de la liberté. James Farmer est décédé le 9 juillet 1999 à Fredericksburg, en Virginie.

Points forts

- James Farmer, de son vrai nom James Leonard Farmer Jr, était un militant américain des droits civiques qui, en tant que dirigeant du Congrès pour l'égalité raciale (CORE), a contribué à façonner le mouvement des droits civiques grâce à son activisme non violent et à l'organisation de sit-in et de Freedom Rides, qui ont permis d'élargir le soutien populaire pour l'adoption des lois sur les droits civiques et le droit de vote au milieu des années 1960.
- Il démissionne de la direction du CORE en 1965, et en 1968, il perd une course pour un siège à la Chambre des représentants des États-Unis face à Shirley Chisholm.

- En 1969-70, il a occupé le poste de secrétaire adjoint à la santé, à l'éducation et au bien-être sous la présidence de Richard M. Nixon.
- En 1985, Farmer a publié son autobiographie, Lay Bare the Heart, et en 1998, il a reçu la médaille présidentielle de la liberté.

Questions de recherche

1. Quel est votre détail préféré concernant James Farmer ?
2. Comment serait-il, selon vous, s'il était encore en vie aujourd'hui ? Le racisme existerait-il encore en Amérique ? La pauvreté serait-elle un problème aussi important qu'aujourd'hui ?
3. Qui a influencé sa décision de créer le CORE ?

Bob Marley (1945-1981)
Chanteur et compositeur jamaïcain

"Quand une porte est fermée, sachez qu'une autre est ouverte."

Avec son groupe, les Wailers, le chanteur et compositeur jamaïcain Bob Marley a fait connaître la musique reggae à un public mondial. Sa distillation réfléchie et continue des premières formes de ska, de rock steady et de reggae s'est épanouie dans les années 1970 en un hybride électrisant influencé par le rock qui a fait de lui une superstar internationale.

Robert Nesta Marley est né le 6 février 1945 à Nine Miles, St. Ann, en Jamaïque. Fils d'un surveillant rural blanc, Norval Sinclair Marley, et de la fille noire d'un custos local (châtelain respecté de l'arrière-pays), l'ancienne Cedella Malcolm, Bob Marley restera à jamais le produit unique de mondes parallèles - sa vision poétique du monde a été façonnée par la campagne, sa musique par les rues difficiles du ghetto de West Kingston. Enfant, Marley était connu pour sa timidité, son regard fixe et son penchant pour la lecture des lignes de la main.

Au début de son adolescence, Marley vivait dans un immeuble subventionné par le gouvernement à Trench Town, un bidonville très pauvre de West Kingston, souvent comparé à un égout à ciel ouvert. Au début des années 1960, alors qu'il est écolier et qu'il suit un apprentissage de soudeur (avec un autre aspirant chanteur, Desmond Dekker), Marley est exposé au ska, un amalgame jamaïcain de rhythm and blues américain et de mento indigène (folk-calypso) qui connaît alors un grand succès commercial.

Bob Marley était un fan de Fats Domino, des Moonglows et du chanteur pop Ricky Nelson, mais lorsqu'il a eu l'occasion d'enregistrer avec le producteur Leslie Kong en 1961, il a enregistré "Judge Not", une ballade entraînante qu'il avait écrite sur la base de maximes rurales apprises de son grand-père. Parmi ses autres premiers titres figure "One Cup of Coffee", une interprétation d'un tube de 1961 du crooner country texan Claude Gray.

Marley forme également un groupe vocal à Trench Town avec des amis qui seront plus tard connus sous le nom de Peter Tosh (nom original Winston Hubert MacIntosh) et Bunny Wailer (nom original Neville O'Reilly Livingston). Le trio se nomme les Wailers (parce que, comme le dit Marley, "Nous avons commencé en pleurant"). Plus tard, ils ont été rejoints par le chanteur Junior Braithwaite et les choristes Beverly Kelso et Cherry Green.

En décembre 1963, les Wailers enregistrent "Simmer Down", une chanson de Marley qu'il avait utilisée pour gagner un concours de talents à Kingston. Contrairement à la musique mento enjouée qui s'échappait des porches des hôtels touristiques locaux ou à la pop et au rhythm and blues qui filtraient en Jamaïque depuis les stations de radio américaines, "Simmer Down" était un hymne urgent provenant des bidonvilles des classes défavorisées de Kingston. Enorme succès du jour au lendemain, il a joué un rôle important dans la refonte des critères de célébrité dans les milieux musicaux jamaïcains. Il n'était plus nécessaire de répéter les styles des artistes étrangers ; il était possible d'écrire des chansons brutes, sans compromis, pour et sur les personnes privées de leurs droits dans les bidonvilles antillais.

Cette prise de position audacieuse a transformé à la fois Marley et sa nation insulaire, engendrant chez les pauvres des villes une fierté qui allait devenir une source d'identité prononcée (et un catalyseur de tensions liées à la classe sociale) dans la culture jamaïcaine, tout comme la foi rastafari des Wailers, un credo populaire parmi les populations appauvries des Caraïbes.

Les Wailers ont connu un grand succès en Jamaïque au milieu des années 1960 avec leurs disques de ska, et le matériel reggae créé en 1969-71 avec le producteur Lee Perry a accru leur stature. Après la sortie de Catch a Fire au début des années 1970 (le premier album de reggae conçu comme étant plus qu'une simple compilation de singles), leur reggae aux accents rock uniques a gagné une audience mondiale. Il a également valu au charismatique Marley le statut de superstar, ce qui a progressivement conduit à la dissolution du trio original vers 1974.

Malgré la dissolution du groupe original, Marley a continué à guider le groupe Wailers à travers une série d'albums puissants et d'actualité. À cette époque, Marley est également soutenu par un trio de chanteuses, dont sa femme Rita, qui, comme de nombreux enfants de Marley, connaîtra plus tard son propre succès discographique. Avec des chansons éloquentes comme "No Woman No Cry", "Exodus", "Could You Be Loved", "Coming in from the Cold", "Jamming" et "Redemption Song", les albums marquants de Marley comprennent Natty Dread (1974), Live ! (1975), Rastaman Vibration (1976), Exodus (1977), Kaya (1978), Uprising (1980) et l'album posthume Confrontation (1983).

Bob Marley est également une figure politique importante et, en 1976, il survit à ce que l'on pense être une tentative d'assassinat à motivation politique. En 1976, il survit à ce que l'on croit être une tentative d'assassinat pour des raisons politiques. Sa tentative de négocier une trêve entre les factions politiques belligérantes de la Jamaïque le conduit, en avril 1978, à être la tête d'affiche du concert pour la paix "One Love". En avril 1981, le gouvernement jamaïcain décerne à Marley l'Ordre du mérite. Il meurt d'un cancer un mois plus tard, le 11 mai 1981, à Miami, en Floride.

Bien que ses chansons comptent parmi les plus appréciées et les plus critiquées de la musique populaire, Bob Marley était bien plus célèbre dans la mort qu'il ne l'avait été de son vivant. Legend (1984), une rétrospective de son œuvre, est devenu l'album reggae le plus vendu de tous les temps, avec des ventes internationales de plus de 12 millions d'exemplaires.

Points forts

- Bob Marley, de son vrai nom Robert Nesta Marley, était un auteur-compositeur-interprète jamaïcain dont la distillation réfléchie et continue des premières formes musicales ska, rock steady et reggae s'est épanouie dans les années 1970 en un hybride électrisant influencé par le rock qui a fait de lui une superstar internationale.
- La tentative de Marley de négocier une trêve entre les factions politiques belligérantes de la Jamaïque l'a conduit, en avril 1978, à être la tête d'affiche du concert de paix "One Love".
- En avril 1981, le gouvernement jamaïcain a décerné à Marley l'Ordre du Mérite.
- Legend (1984), une rétrospective de son œuvre, est devenu l'album de reggae le plus vendu de tous les temps, avec des ventes internationales de plus de 12 millions d'exemplaires.

Questions de recherche

1. Quelle est votre chanson préférée de Marley et pourquoi ?
2. Si vous pouviez changer une chose dans le monde grâce à la musique de cet homme, quelle serait-elle ?
3. Qu'a-t-il défendu en son temps ?

Votre cadeau

Vous avez un livre dans les mains.

Ce n'est pas n'importe quel livre, c'est un livre de Student Press Books ! Nous écrivons sur les héros noirs, les femmes qui prennent le pouvoir, la mythologie, la philosophie, l'histoire et d'autres sujets intéressants !

Puisque vous avez acheté un livre, nous voulons que vous en ayez un autre gratuitement.

Tout ce dont vous avez besoin, c'est d'une adresse électronique et de la possibilité de vous abonner à notre newsletter (ce qui signifie que vous pouvez vous désabonner à tout moment).

Alors, qu'attendez-vous ? Inscrivez-vous dès aujourd'hui et recevez votre livre gratuit instantanément ! Tout ce que vous avez à faire est de visiter le lien ci-dessous et d'entrer votre adresse e-mail. Vous recevrez immédiatement le lien pour télécharger la version PDF du livre afin de pouvoir le lire hors ligne à tout moment.

Et ne vous inquiétez pas, il n'y a pas d'attrape ou de frais cachés, juste un bon vieux cadeau de notre part ici à Student Press Books.

Visitez ce lien dès maintenant et inscrivez-vous pour recevoir votre exemplaire gratuit de l'un de nos livres !

Lien : https://campsite.bio/studentpressbooks

Livres

Nos livres sont disponibles chez tous les principaux détaillants de livres en ligne. Découvrez les packs numériques (bundle) de nos livres ici : https://payhip.com/studentPressBooksFR

La série de livres sur l'Histoire des Noirs.

Bienvenue dans la série de livres sur l'Histoire des Noirs. Découvrez des personnalités Noires exemplaires grâce à ces biographies inspirantes de pionniers d'Amérique, d'Afrique et d'Europe. Nous savons tous que l'Histoire des Noirs est importante, mais il peut être difficile de trouver de bonnes ressources.

Beaucoup d'entre nous connaissent personnages principaux de la culture populaire et des livres d'Histoire, mais nos livres présentent également des héros et héroïnes Noirs moins connus du monde entier, mais dont les histoires méritent d'être racontées. Ces livres de biographies vous aideront à mieux comprendre comment les souffrances et les actions de ces personnes ont façonné leurs pays respectifs et leurs communautés, pour les générations à venir.

Titres disponibles :

1. 21 personnalités noires inspirantes : La vie de personnages historiques du XXe siècle : Martin Luther King Jr., Malcom X, Bob Marley et autres
2. 21 femmes noires exceptionnelles : L'histoire de femmes noires importantes du XXe siècle : Daisy Bates, Maya Angelou et bien d'autres

La série de livres Émancipation des femmes.

Bienvenue dans la série de livres Émancipation des femmes. Découvrez des figures féminines courageuses des temps modernes grâce à ces biographies inspirantes de pionnières du monde entier. L'émancipation des femmes est un sujet important qui mérite plus d'attention qu'il n'en reçoit. Pendant des siècles, on a dit aux femmes que leur place était à la maison, mais cela n'a jamais été vrai pour toutes les femmes, ni même pour la plupart d'entre elles.

Les femmes sont encore sous-représentées dans les livres d'histoire, et celles qui s'y font une place doivent généralement se contenter de quelques pages. Pourtant, l'Histoire regorge de récits de femmes fortes, intelligentes et indépendantes qui ont surmonté des obstacles et changé le cours des choses simplement parce qu'elles voulaient vivre leur propre vie.

Ces livres biographiques vous inspireront tout en vous donnant de précieuses leçons sur la persévérance et le dépassement face à l'adversité ! Apprenez de ces exemples que tout est possible si vous y mettez du vôtre !

Titres disponibles :

1. 21 Femmes d'exception : La vie de combattantes pour la liberté qui ont repoussé les frontières : Angela Davis, Marie Curie, Jane Goodall et bien d'autres
2. 21 femmes inspirantes : la vie de femmes courageuses et influentes du XXe siècle : Kamala Harris, Mère Teresa et bien d'autres
3. 21 femmes extraordinaires : Les vies exemplaires des femmes artistes et créatrices du XXe siècle : Madonna, Yayoi Kusama et bien d'autres
4. 21 femmes de génie : Les vies déterminantes de femmes scientifiques pionnières au XXe siècle

La série de livres Les dirigeants du monde.

Bienvenue dans la série de livres sur les dirigeants du monde. Découvrez des personnages royaux et présidentiels, emblématiques du Royaume-Uni, des États-Unis et d'autres pays. Grâce à ces biographies inspirantes de membres de la famille royale, de présidents et de chefs d'État, vous apprendrez à connaître les personnes courageuses qui ont osé prendre le pouvoir, avec notamment leurs citations, leurs photos et des faits rares.

Les gens sont fascinés par l'histoire et la politique et par ceux qui les ont écrites. Ces livres offrent des perspectives nouvelles sur la vie de personnalités remarquables. Cette série est parfaite pour tous ceux qui veulent en savoir plus sur les grands dirigeants de notre monde ; les jeunes lecteurs ambitieux et les adultes qui aiment se documenter sur des personnages importants.

Titres disponibles :

1. Les 11 familles royales britanniques : La biographie de la famille de la Maison Windsor : La Reine Elizabeth II et le Prince Philip, Harry et Meghan et bien d'autres
2. Les 46 présidents des États-Unis : Leur histoire, leur réussite et leur héritage : de George Washington à Joe Biden
3. Les 46 présidents des États-Unis : Leur histoire, leur réussite et leur héritage — Édition augmentée : de George Washington à Joe Biden

La série de livres Une mythologie passionnante.

Bienvenue dans la série de livres Une mythologie passionnante. Découvrez les dieux et déesses d'Égypte et de Grèce, les divinités nordiques et d'autres créatures mythologiques.

Qui sont ces anciens dieux et déesses ? Que savons-nous d'eux ? Qui étaient-ils vraiment ? Pourquoi les gens les vénéraient-ils dans les temps anciens, et d'où venaient-ils ?

Ces livres offrent des perspectives nouvelles sur les dieux anciens, qui inviteront les lecteurs à réfléchir à leur place dans la société et à s'intéresser plus encore à l'Histoire. Ces livres sur la mythologie abordent également des sujets qui l'ont influencée, tels que la religion, la littérature et l'art, dans un format attrayant avec des photos ou des illustrations accrocheuses.

Titres disponibles :

1. L'Égypte ancienne : Un guide des mystérieux dieux et déesses de l'Égypte ancienne : Amon-Râ, Osiris, Anubis, Horus et bien d'autres
2. La Grèce antique : Un guide des dieux, déesses, divinités, titans et héros de la Grèce classique : Zeus, Poséidon, Apollon et plus encore
3. Anciens contes nordiques : Découvrez les dieux, déesses et géants de la mythologie des Vikings : Odin, Loki, Thor, Freya et plus encore

La série de livres Les grandes théories expliquées.

Bienvenue dans la série de livres **Les grandes théories expliquées.** Découvrez la philosophie, les idées des anciens philosophes et d'autres théories intéressantes. Ces livres réunissent les biographies et les idées des philosophes les plus célèbres de régions telles que la Grèce et la Chine antiques.

La philosophie est un sujet complexe, et de nombreuses personnes ont du mal à en comprendre ne serait ce que les bases. Ces livres sont conçus pour vous aider à en savoir plus sur la philosophie, ils sont uniques en raison de leur approche simple. Il n'a jamais été aussi facile et amusant d'acquérir une meilleure compréhension de la philosophie qu'avec ces livres. En outre, chaque livre comprend des questions afin que vous puissiez approfondir vos propres pensées et opinions !

Titres disponibles :

1. Philosophie grecque : La vie et les idées des philosophes de la Grèce antique : Socrate, Platon, Pythagore et bien d'autres
2. Éthique et morale : Philosophie morale, bioéthique, défis médicaux et autres idées éthiques

La série de livres Inspiration des futurs entrepreneurs.

Bienvenue dans la série de livres **Inspiration des futurs entrepreneurs**. Il n'est jamais trop tôt pour que les jeunes ambitieux commencent leur carrière ! Que vous ayez l'esprit d'entreprise et que vous cherchiez à bâtir votre propre empire, ou que vous soyez un entrepreneur en herbe qui commence à emprunter une route longue et ardue, ces livres vous inspireront grâce aux histoires d'hommes d'affaires qui ont réussi.

Découvrez leurs vies, leurs échecs et leurs réussites qui vous donneront envie de prendre le contrôle de votre existence au lieu de simplement la regarder passer !

Titres disponibles :

1. 21 entrepreneurs à succès : La vie des grands fondateurs du XXe siècle : Elon Musk, Steve Jobs et bien d'autres
2. 21 entrepreneurs révolutionnaires : Les vies incroyables des hommes d'affaires du XIXe siècle : Henry Ford, Thomas Edison et bien d'autres

La série de livres L'Histoire facile.

Bienvenue dans la série de livres L'Histoire facile. Explorez divers sujets historiques, de l'âge de pierre jusqu'à l'époque moderne, ainsi que les idées et les personnages marquants qui ont traversé les âges.

Ces livres sont un excellent moyen d'éveiller votre intérêt pour l'histoire. Les manuels scolaires, secs et ennuyeux, rebutent souvent les lecteurs, car ils aiment les histoires de gens ordinaires qui ont changé le monde. Ces livres vous donnent l'opportunité de les découvrir tout en vous fournissant les informations historiques importantes.

Titres disponibles :

1. La Première Guerre mondiale : La Première Guerre mondiale, ses grandes batailles, les personnages et les forces en présence
2. La Deuxième Guerre mondiale : L'Histoire de la Seconde Guerre mondiale, Hitler, Mussolini, Churchill et autres personnages clés

3. L'Holocauste : Les Nazis, la montée de l'antisémitisme, la Nuit de Cristal et les camps de concentration d'Auschwitz et de Bergen-Belsen.
4. La Révolution française : L'Ancien Régime, Napoléon Bonaparte, la Révolution française, les guerres napoléoniennes et de Vendée

Nos livres sont disponibles chez tous les principaux détaillants de livres en ligne. Découvrez les packs numériques (bundle) de nos livres ici : https://payhip.com/studentPressBooksFR

Conclusion

Nous espérons que vous avez aimé découvrir les vies inspirantes de ces 21 hommes Noirs du XXe siècle. Du Dr King à Jackie Robinson, ces personnes sont une source d'inspiration, et nous espérons que vous avez appris quelque chose de nouveau !

Vous avez lu comment ces icônes ont surmonté l'adversité grâce à l'éducation et au travail acharné, en imprimant un changement considérable sur leur vie. L'un de ces héros Noirs vous a-t-il inspiré ?

Les 21 histoires fascinantes de ce livre ne portent pas seulement sur les réalisations de ces hommes Noirs, mais aussi sur leur vie. Nombre d'entre eux ont dû faire face à l'adversité sur le chemin qui les a menés à accomplir ce qu'ils voulaient, et à contribuer à la société. Ils ont dû mener des combats difficiles, mais le jeu en valait la chandelle au regard de ce qu'ils ont accompli !

J'espère que vous avez appris beaucoup de choses dans ce livre. Relisez-le un jour !

Avez-vous aimé cette lecture éducative ? Qu'en avez-vous pensé ? Faites-le-nous savoir avec un beau commentaire sur ce livre !

Nous en serions ravis, n'oubliez pas d'en laisser un !

Lightning Source UK Ltd.
Milton Keynes UK
UKHW020641051121
393439UK00011B/654